Dieter Hesse / Hartmut Jaeger / Thomas Kleine
Vom Blitz getroffen
Zwei Männer im Gewitter –
Eine wahre Geschichte über Leben und Tod

Dieter Hesse / Hartmut Jaeger / Thomas Kleine

VOM BLITZ GETROFFEN

ZWEI MÄNNER IM GEWITTER –
Eine wahre Geschichte über Leben und Tod

Dieter Hesse, Hartmut Jaeger, Thomas Kleine (Hg.)
Vom Blitz getroffen
Zwei Männer im Gewitter – Eine wahre Geschichte über Leben und Tod
Bestell-Nr. 271920
ISBN 978-3-86353-920-7

Wenn nicht anders angegeben, wurde folgende Bibelübersetzung verwendet:
Elberfelder Bibel 2006, © 2006 by SCM R.Brockhaus in der SCM
Verlagsgruppe GmbH Witten/Holzgerlingen.

1. Auflage
© 2024 Christliche Verlagsgesellschaft Dillenburg
www.cv-dillenburg.de
Satz und Umschlaggestaltung: Christliche Verlagsgesellschaft Dillenburg
Bildquelle (Umschlag): © unsplash.com/jbowersphotography
Druck: ARKA, Cieszyn
Printed in Poland

Wenn Sie Rechtschreib- oder Zeichensetzungsfehler entdeckt haben,
können Sie uns gern kontaktieren: info@cv-dillenburg.de

INHALT

THOMAS KLEINE

Thomas Kleine, Jahrgang 1979, verheiratet mit Miriam, sechs Kinder, Rechtsassessor. Seit 2022 arbeitet er als Projektleiter in der Christlichen Verlagsgesellschaft Dillenburg. Im Zuge dieser Tätigkeit traf er mit Dieter Hesse zusammen und ist Mitherausgeber dieses Buches.

VON KNALL AUF FALL INS HIER UND JETZT

Mit einer Geschwindigkeit von 100 000 Kilometern pro Sekunde bahnt sich ein Blitz den Weg Richtung Boden. Schlagartig wird die Luft um den Blitzkanal herum bis auf 30 000 Grad Celsius erhitzt. Diese Temperatur ist um ein Vielfaches höher als die Oberflächentemperatur der Sonne und bringt Glas und Sand zum Schmelzen. Mit einer Stromstärke von mehr als 100 000 Ampere wird die Spannung eines Blitzes auf mehrere Millionen Volt geschätzt. Weltweit soll es ständig zwischen 2000 und 3000 Gewitter geben. Schätzungen gehen davon aus, dass täglich zwischen vier und 30 Millionen Blitze auf der gesamten Erde einschlagen. So viel zur Theorie …

In der Praxis hat vermutlich jeder schon einmal im Gelände mit der Drei-Sekunden-Faustformel die Entfernung des Gewitters berechnet: Der Schall eines Donners legt in drei Sekunden eine Strecke von etwa einem Kilometer zurück. Zunächst werden die Sekunden zwischen Sehen des Blitzes und Hören des Donners gezählt. Die Anzahl wird durch drei geteilt, um grob abzuschätzen, wie viele Kilometer das Gewitter entfernt ist.

WAS ABER, WENN ZUM ZÄHLEN KEINE ZEIT MEHR BLEIBT?

Was aber, wenn zum Zählen keine Zeit mehr bleibt? Wenn ein plötzlich auftretendes Gewitter in einem Augenblick alles verändert?

Von Martin Luther wird berichtet, dass er am 2. Juli 1505 von einem schweren Gewitter überrascht wurde. Auf freiem Feld suchte er unter einem Baum Schutz, bevor er sich wegen eines Blitzschlags zu Boden warf. In Todesangst soll er dort versprochen haben, Mönch zu werden. Der Rest hat Geschichte geschrieben.

Am 24. April 2014 wurden zwei Freunde ebenfalls von einem plötzlich auftretenden Gewitter überrascht. Auf freiem Feld wurden beide vom Blitz getroffen. Die Entladung erfolgte auf einen Schlag; das Ereignis erschüttert bis heute die Erinnerung. Über Leben und Tod schreibt dieses Buch die Geschichte der beiden Freunde. Es erzählt von dem Überlebenden – Dieter Hesse, damals 46 Jahre alt –, dessen Leben für immer von diesem Moment geprägt wurde. Es erzählt aber auch von einem jungen Mann – Daniel Hoberg, damals 25 Jahre alt –, der aus dem Himmel in den Himmel gerufen wurde. Die Zeilen dieses Buches wollen keine vorschnellen, hohlen Antworten geben, sondern erzählen,

DIESES BUCH ERZÄHLT VON EINEM JUNGEN MANN, DER AUS DEM HIMMEL IN DEN HIMMEL GERUFEN WURDE.

wie Menschen in ihrem Leben mit Leid umgehen. Und sie wollen uns den zeigen, der schon lange vor uns durch unfassbares Leid gegangen ist und der uns Hoffnung geben kann. Gott handelt unfassbarer, als man sich das vielleicht zunächst vorstellen kann oder will.

Beim Lesen der unterschiedlichen Beiträge stellte ich immer wieder fest, wie vielseitig Daniel durch die verschiedenen Perspektiven erscheint. Es ist meine Hoffnung, dass sich durch diese Vielfalt jeder wiederfinden kann, der selbst durch Leid gegangen ist oder es gerade erlebt. Schließlich sind Leid und der Umgang damit so vielfältig wie seine Ursachen.

Darum sind die Worte, die Sie gleich lesen werden, nicht nur Buchstaben auf Papier. Sie sind ein Echo aus der Vergangenheit und ein Aufschauen zu dem Gott, der mit Leiden vertraut ist und sich selbst als der „Gott allen Trostes" bezeichnen lässt.

Es ist unsere Hoffnung, dass diese Geschichte nicht nur ein Andenken ist, nicht nur eine Erinnerung an die eigene Unfähigkeit, das Leben vorherzusehen, sondern vor allem ein Wegweiser zu dem Gott, über den Dietrich Bonhoeffer einmal sagte: „Nur der leidende Gott kann helfen."

THOMAS KLEINE

JAN PIEPERSBERG

Jan Piepersberg, Jahrgang 1984, verheiratet, gelernter Groß- und Außenhandelskaufmann, seit 2008 Mitarbeiter im Missionswerk Werner Heukelbach. Der Kontakt zu Daniel und Dieter entstand in der gemeinsamen Zeit in der Christlichen Gemeinde Attendorn.

KURZ, ABER INTENSIV: MEINE GEMEINSAME ZEIT MIT DANIEL

Als ich Daniel im Jahr 2008 kennenlernte, ahnte ich noch nicht, dass er mir zu einem wertvollen Bruder und Freund werden würde. Er war immer wieder mal da – in der Gemeinde und Familie. Oft mit lustigen, ironischen Anspielungen im Gepäck, mit denen er seine wichtigen Fragen und Gedanken tarnte. Damit kam ich gut zurecht, und wir verstanden uns nicht nur deshalb auf Anhieb ziemlich gut. Seine gesellige Art mit der **DANIEL WAR NIE AUFDRINGLICH, ABER STETS INITIATIV.** Absicht, tiefsinnige Gespräche zu führen, machte es mir einfach, ihm darin zu folgen und mich auf Diskussionen einzulassen.

Auch unsere gemeinsame Begeisterung für Fußball war schnell ein verbindendes Element in unserer Freundschaft. Trotz – oder vielleicht gerade wegen – seiner Vorliebe für die falsche Borussia kamen wir auch über dieses Hobby immer wieder schnell ins Gespräch. Manch schöner Stadionbesuch folgte.

Im Laufe der Zeit wurde er – ohne, dass ich es bemerkte – zu einem Teil der Gemeinde und unserer Familie. Er war dabei nie aufdringlich, aber stets initiativ. Bei jedem Treffen schaffte er es, sich auf die Gemeinschaft mit der Person zu konzentrieren, die er gerade vor sich hatte. In der Gemeinde kam es mir so vor, als wäre er schon immer da gewesen. Man nahm ihn kaum als „Neuen" wahr.

Ich kann heute gar nicht mehr genau sagen, wann sich Daniel wie bekehrt hat. Sicher ist für mich nur, dass er es tat und auch durch die Taufe bezeugte. Der Glaube an Jesus Christus war nach einiger Zeit nicht mehr aus seinem Leben wegzudenken. Zusammen lasen wir in der Bibel und tauschten uns aus. Auf einer Urlaubsreise machten wir gemeinsam den Bibelkurs *ABC Nachfolge* von Karl-Heinz Vanheiden – übrigens sehr zu empfehlen; also, der Kurs![1]

DANIEL WAR MITTENDRIN, STATT NUR DABEI.

Schnell entdeckte nicht nur er selbst seine Gaben. Er stieg in die christliche Arbeit mit Kindern und Jugendlichen der kleinen Gemeinde ein und wurde ein wertvoller Lehrer. Später nutzte er diese Gabe im Jugendkreis und im Predigtdienst. Er war angekommen – ohne, dass ich es gemerkt hatte. Er war mittendrin, statt nur dabei – und das mit einem beachtlichen Tempo. Allerdings ohne dabei jemanden links liegen zu lassen oder gar zu überfahren. Es gelang ihm, sich in eine bestehende Gemeinschaft einzugliedern, ohne sich dabei in den Vordergrund zu drängen.

Schon damals konnte ich Daniel als meinen besten Freund bezeichnen – und das, obwohl ich meist sparsam mit solchen absoluten Aussagen bin. Deshalb war ich auch sehr dankbar, dass er 2010 Trauzeuge bei unserer Hochzeit wurde. Dabei erinnere ich mich gern immer wieder an unser

---

1 Karl-Heinz Vanheiden: *ABC Nachfolge. Lehrbriefe.* Rosdorf: Seidel 1993.

Erlebnis beim Besorgen des Brautstraußes für meine Frau zurück: Die Blumenverkäuferin kam etwas ins Schwitzen, als Daniel und ich wenige Stunden vor meiner Hochzeit noch einen Strauß haben wollten – übrigens mit Geld, das Daniel mir wieder einmal vorstrecken musste … ;-)

Daniel ging, wie er kam: plötzlich und unerwartet. In seiner letzten Geburtstagsmail an mich steht: „Ich wünsche dir alles Gute, viel Segen, Frieden und Gnade von unserem drei-einigen Gott zu deinem heutigen Geburtstag. Mögen dich Lebensfreude, Gesundheit und Erfüllung in deinem neuen Lebensjahr, insbesondere in deiner Ehe, in deiner Gemeinde und in deinem Beruf begleiten!"

DANIEL GING, WIE ER KAM: PLÖTZLICH UND UNERWARTET.

JAN PIEPERSBERG

DANIEL HOBERG IM SIGNAL IDUNA PARK

DIETER HESSE

Dieter Hesse, Jahrgang 1967, verheiratet, drei Kinder, bis 2016 selbstständiger Stuckateurmeister. Nach der gesundheitsbedingten Aufgabe seines Berufs studierte Dieter am Bibel-Center Freie Theologische Fachschule (Bibelschule) Breckerfeld und arbeitet seit seinem Abschluss 2020 als Mitarbeiter im Buchladen der Christlichen Bücherstuben in Dillenburg.

MEIN FREUND DANIEL

EIN MORGEN IM APRIL

Es war einer dieser Morgen, an denen ich mich schon beim Wachwerden im Bett über mich selbst ärgere. Wieder einmal hatte ich mich am Vorabend mit meinem Freund Daniel über biblische Auslegungen gezofft, nachdem wir zuvor mit anderen eine schöne Bibel- und Gebetsstunde in unserer Hausversammlung „Gemeinde im Haus" über Epheser 4 gehabt und anschließend noch gemütlich in unserer Lieblingspizzeria gegessen hatten.

Zu oft führten unterschiedliche biblische Ansichten dazu, dass wir uns persönlich entzweiten. Und so dachte ich mir, dass doch eine gesunde Streitkultur bei Christen nicht zu persönlicher Entzweiung führen sollte.

Mit diesen unangenehmen Gedanken fuhr ich an diesem Morgen zur Arbeit und schob eine Predigt in den CD-Spieler meines Lastwagens. Der Sprecher sprach über Versöhnung, und sofort wusste ich: Diese Predigt galt mir. *Ich muss mich mit meinem Freund Daniel versöhnen,* dachte ich mir und rief ihn an, um mich mit ihm für den Mittag zu verabreden.

ICH MUSS MICH MIT MEINEM FREUND DANIEL VERSÖHNEN.

Daniel, der zu dieser Zeit 25 Jahre alt war, legte gerade zwischen seinem zweiten Staatsexamen zum Mathematik- und Physiklehrer und einer geplanten späteren Anstellung als Oberstudienrat am Attendorner Riviusgymnasium ein Überbrückungsjahr an der Bibelschule in Wiedenest ein und hatte in dieser Woche Ferien. Daher hatte er an dem Tag Zeit, und wir machten ein Treffen um die Mittagszeit aus.

DANIEL UND ICH

Ich war etwa 21 Jahre älter als Daniel. Wir wohnten schon seit Jahren in der gleichen Straße und kannten uns ganz flüchtig vom Sehen. Irgendwann um 2008 lernten wir uns auf dem Bolzplatz in einem Stadtteil besser kennen. Hier trafen sich samstagnachmittags regelmäßig Jung und Alt zum Fußballspielen. Ich war dabei meistens der älteste Spieler, und ein guter Spieler war ich auch nicht. Aber es machte mir Freude, mich neben meinem Beruf als selbstständiger Stuckateurmeister mit zehn Gesellen mal gegen jugendliche Spieler auszupowern. Das Beste an der ganzen Sache war, dass ich so auch gemeinsame Zeit mit meinen beiden Jungs Florian und Nils verbringen konnte, die begeisterte Fußballspieler waren und auch noch sind. Bereits hier auf dem Fußballplatz fielen mir Daniels ungeheurer Siegeswille und seine Führungsqualitäten auf.

WAS UNS SO SEHR VERBAND, WAR VOR ALLEM DIE SUCHE NACH GOTT UND DIE BESSERE ERKENNTNIS VON CHRISTUS.

Erst später entdeckten wir, dass wir uns beide zu Jesus Christus bekehrt hatten: er in der Christlichen Gemeinde Attendorn (Brüdergemeinde) und ich in der Christus Gemeinde Olpe (CGO). So freundeten wir uns mehr und mehr an und wurden schließlich „Best Friends", was aufgrund des hohen Altersunterschieds ja nicht selbstverständlich war, zumal meine Söhne auch zu seinem Freundeskreis zählten.

Was uns so sehr verband, war vor allem die Suche nach Gott und der besseren Erkenntnis von Christus. Als Mathematiker ging er recht analytisch vor, wurde jedoch gleichzeitig oft von der Sehnsucht nach Emotionalität angetrieben. Je mehr er von Christus erkannte, desto mehr strebte er danach, ihn noch mehr zu suchen, aber zugleich auch real zu erleben. Das geschah bei Daniel, so erscheint es mir, in erster Linie aus der Neugierde heraus, mehr von Christus zu erfahren, zu verstehen und erst recht zu erleben.

Gemeinsam besuchten wir Veranstaltungen, Gottesdienste oder Konferenzen der verschiedenen Gemeinderichtungen, und auch privat ließen wir nach Möglichkeit keine gemeinsame Unternehmung wie Konzert, Stadionbesuch oder Flugreise aus. Immer mit der Bibel und einem geistlichen Buch unterm Arm, das wir uns gegenseitig vorlasen und besprachen, lebten wir unsere Freundschaft. Daneben besuchten wir einen Hauskreis bei einem gemeindefremden älteren Ehepaar.

Daniel liebte alle Arten von Spielen sowie Gesellschafts- und Brettspielen. Besonders liebte er Doppelkopf, Schach und eben Fußball. Dabei war er auch Fan von Borussia Dortmund und stets mit einer Dauerkarte ausgestattet. Er liebte es auch sehr, zu Musik auszuflippen, zu tanzen …; ja, anscheinend brauchte er zu seinem strukturierten Denken als Ausgleich diese Emotionalität.

DANIEL BRAUCHTE ANSCHEINEND ALS AUSGLEICH ZU SEINEM STRUKTURIERTEN DENKEN EINE HOHE EMOTIONALITÄT.

Daniel organisierte ein wöchentlich stattfindendes christliches Hallenfußballturnier, an dem über die Jahre unzählige Kinder und Jugendliche teilnahmen und bei dem gelegentlich jemand zum christlichen Sommerlager am Niederrhein gewonnen werden konnte.

Da man in der Christlichen Gemeinde Attendorn seinen Täufer selbst wählen durfte, wählte er mich, und so durfte ich ihn 2011 im Biggesee taufen.

Da wir verspürten, dass uns unsere Gemeinden bei der Gottsuche mehr und mehr einengten, gründeten wir im Sommer 2013 mit ca. zwölf Personen die „Gemeinde im Haus". Ab diesem Zeitpunkt trafen wir uns regelmäßig als eigenständige Gemeinde mindestens zweimal in der Woche zu Gottesdiensten und Bibel- und Gebetsstunden. Aber auch darüber hinaus versuchten wir, so viel als möglich „privat" unser Leben zu teilen. In dieser kleinen, intensiven Gemeinschaft war es umso wichtiger, dass wir bei Meinungsverschiedenheiten immer wieder sehr schnell zueinander fanden.

EIN MITTAG IM APRIL

Das war auch mein Anliegen an diesem Morgen des 24. April 2014. Mittags holte ich Daniel mit meinem Lastwagen bei ihm zu Hause ab, und wir fuhren zu einem nahegelegen Wald- und Wiesengebiet, um zu reden und zu beten.

Wir brachten unsere Anliegen zu Jesus und beteten für unsere Einheit, für Vergebung und dafür, dass Jesus uns durch seinen Heiligen Geist auf einem gemeinsamen Weg leiten solle …

WIR FUHREN ZU EINEM NAHEGELEGEN WALD- UND WIESENGEBIET, UM ZU REDEN UND ZU BETEN.

Während wir so ins Gebet und Gespräch vertieft waren, hatte sich der Himmel mit Wolken zugezogen, und von sehr weit weg hörten wir ein Brummen am Himmel. Wir vermuteten ein Gewitter aus der Richtung Schmallenberg. Irgendwann kam uns der Gedanke, vielleicht umzukehren oder das nahegelegene Waldstück aufzusuchen.

Zu spät.

DER ERSTE BLITZ TRAF UNS!

Was genau mit uns passierte, konnte ich nicht wahrnehmen. Ich verlor das Bewusstsein. Im Nachhinein stelle ich es mir so vor: Als uns der Blitz mit seiner Energie erreichte, stellten alle Nerven im Körper ihre Arbeit für kurze Zeit ein, und so war ich wie ein lebloser Kartoffelsack einfach umgefallen. Ähnlich dem Stromkreis in einem Haus: Wenn man im Hauptstromkasten den FI-Schutzschalter umlegt, ist der Strom im ganzen Haus ausgeschaltet. So waren auch die meisten meiner Nerven deaktiviert.

Als ich nach einer Weile wieder zu Bewusstsein kam, regnete es Bindfäden. Ich wusste nicht so recht: *Ist das hier Wirklichkeit, oder träume ich?* Ich wollte atmen, aber die Muskeln im Bereich der Lunge, die die Luft einziehen, versagten ihren Dienst. In Panik, zu ersticken, versuchte ich krampfhaft, nach Luft zu schnappen – und endlich, nach einer Weile, strömte die Luft in meine Lungen.

Nach und nach wurde mir bewusst, dass ich wirklich auf einer Wiese lag, es unaufhörlich regnete und ich weitgehend gelähmt war. Bis auf den Kopf und den rechten Arm konnte ich nichts bewegen. Was ich in diesem Moment noch nicht sah und spürte, war: Der Blitz hatte wie mit einem Messer eine Linie auf mir gezogen, die vom linken Schulterblatt schräg nach unten bis zum rechten Knie verlief. Die gesamte Körperfläche unterhalb dieser Linie (ca. 30 %) war verbrannt, alles darüber nicht.

FELDWEG –
EXAKTE STELLE

WESTEN

NORDWESTEN

NORDEN

NORDOSTEN

OSTEN

So unbeweglich, wie ich war, fiel mir das Gebet eines Rollstuhlfahrers ein, der auf einer Pilgerreise in Spanien gestürzt war und ebenfalls regungslos dagelegen und zu Jesus gefleht hatte: „Herr, schick Hilfe!" Schließlich hatten ihn zwei Hirten gefunden und ihm wieder aufgeholfen. So betete auch ich in meiner Hilflosigkeit: „Herr, hilf mir, ich komme hier nicht weg! Jetzt musst du was machen." Das bete ich übrigens immer wieder und rate jedem, es selbst zu beten, wenn er nicht weiterweiß.

> „HERR, HILF MIR, ICH KOMME HIER NICHT WEG!"

Zu diesem Zeitpunkt auf der Wiese wusste ich noch gar nicht, was passiert war, und auch all meine Erinnerungen an das, was vorher geschehen war, waren entweder weg oder nur noch verschwommen vorhanden.

Da ich als Arbeitsbekleidung eine Latzhose trug, verlief die Blitz-Linie durch deren Brusttasche. In dem nicht verbrannten Bereich lag mein kleines, altergebrachtes Handy, dazu noch geschützt von einem Neuen Testament, das darauf lag.

So griff ich nach einer Weile nach meinem Handy und kam auf die Idee, Hilfe anzurufen. Ohne dieses Handy hätte mich dort auf der Wiese bei diesem Wetter niemand mehr lebend gefunden.

Da ich noch völlig verwirrt war, rief ich zunächst die Auskunft an, die mich bat, die 112 zu wählen, was ich daraufhin auch tat. Der Mann am anderen Ende der Leitung war sehr nett. Ich sagte ihm, dass jemand kommen müsse, um mich abzuholen, weil ich nicht wegkäme. Er beruhigte mich und fragte, was denn passiert sei. „Ich liege hier im Regen auf einem Feld, aber ich habe keine Ahnung, warum."

Nach einer Weile erkannte der Mann am Telefon meine Stimme und fragte: „Herr Hesse, sind Sie es?" – „Ja", sagte ich, „aber wer sind Sie denn?" – „Ja, Grobbel, Sie haben mir doch mein Haus verputzt!" Wir kannten uns, was in diesem Moment sehr guttat. Er erzählte, dass mehrere Firmen einen Notruf abgesetzt hätten, weil über dem Attendorner Ortsteil Ennest ein sehr kurzes, aber zugleich sehr heftiges Gewitter mit nur drei Blitzen gewesen sei; dabei sei in einigen Firmen der Strom ausgefallen. Er fragte mich, ob ich vielleicht vom Blitz getroffen worden sei.

„Ich habe keine Ahnung", entgegnete ich, „wir haben hier gebetet!" – „Gebetet? Wir?", fragte er. „Wer war denn bei Ihnen?" Ich erklärte ihm, dass mein Freund Daniel und ich einen Gebetsspaziergang gemacht hatten. Durch das Erzählen kamen Bruchstücke meiner Erinnerungen zurück. Vieles trat jedoch erst später bei einem Aufenthalt in der psychiatrischen Klinik Wittgenstein wieder zutage.

Herr Grobbel bat mich, meinen Freund zu rufen oder nach ihm zu schauen. Aber ich erhielt keine Antwort. Da entdeckte ich ein Stück von Daniels T-Shirt unter meiner rechten Achsel. Mehr konnte ich nicht sehen, da ich ja noch gelähmt war.

ICH ERHIELT VON DANIEL KEINE ANTWORT.

Ich sagte Herrn Grobbel, dass ich wohl auf Daniel läge.

Dann versuchten wir gemeinsam, meinen Lageplatz zu lokalisieren. Ich wusste genau, wo ich lag, nur konnte ich es in diesem Moment nicht richtig erklären. In einer Frage- und Antwortrunde analysierte Grobbel meinen Lageplatz und meinte schließlich: „Wir kommen!"

Nach einer Weile fuhren zwei Notarztwagen und das Auto des Notarztes vor mich auf die Wiese. Recht schnell stellte der Arzt, Dr. Feiereis, fest: „Wir brauchen nur eine Trage!"

Das war der Moment, in dem ich realisierte: Daniel ist tot! Unfassbar. Von jetzt auf gleich.

DANIEL IST TOT! UNFASSBAR.

In meinen Gedanken stellte ich mir vor, wie die Polizisten, die nun auch auf der Wiese herumliefen, gleich bei den Eltern von Daniel an der Haustür klingeln würden, um die grausame Nachricht zu überbringen.

DER TOD IST IMMER NOCH EIN FEIND.

Diese Momente gehören zu den schrecklichsten meines Lebens. Mögen auch manche den Tod als ein Tor zu Gott darstellen – für mich gilt spätestens seit diesem Moment die Feststellung des Paulus' in der Bibel, wonach der Tod immer noch ein Feind ist:[2]

> *Als letzter Feind wird der Tod weggetan.*
> 1. KORINTHER 15,26

Nachdem der erste Rettungswagen die Heimfahrt leer angetreten hatte und ich in den zweiten geschoben worden war, versuchte dieser zu wenden. Da es nun aber schon so lange geregnet hatte, war der Boden äußerst aufgeweicht. Wir steckten fest. Je mehr der Fahrer Gas gab, desto tiefer gruben sich die Räder in das Erdreich. Schließlich wurde der andere Rettungswagen zurückgerufen, und ich wurde in diesen verladen und ins Krankenhaus gebracht.

Während dieser Ereignisse war bereits ein Hubschrauber verständigt worden, um mich, den Überlebenden, nach Köln in eine Spezialklinik zu fliegen. Aber da nun bereits so viel Zeit durch die Umstände vergangen war, entschied der Arzt: „Wir brauchen keinen Hubschrauber. Bis der in Köln ist, ist der Patient längst verstorben – wir müssen hier etwas machen."

---

2 Um die Sätze aus der Bibel nachzulesen, siehe https://www.bibleserver.com/ oder auch Seite 118 (Aufbau der Bibel).

In der Notaufnahme waren beinahe alle Chefärzte der verschiedenen Krankenhausabteilungen versammelt, mit Ausnahme des Chefarztes der Frauenklinik. Ich sagte jedoch zu einem der Rettungssanitäter, dass er doch bitte Dr. Strasser holen solle, den Chefarzt der Frauenklinik. Einer der Ärzte rief mir zu: „Herr Hesse, Sie brauchen jetzt alle möglichen Ärzte, aber einen Gynäkologen brauchen Sie nicht!" – „Doch", entgegnete ich, „Dr. Strasser ist Christ, der kann zum Beten kommen!"

GOTT LENKT DEN BLITZ IN SEINER BAHN!

So kam Karl Strasser (vgl. Kapitel 9) tatsächlich und fragte: „Was ist los, was ist passiert?" – „Daniel und ich wurden beim Gebetsspaziergang vom Blitz getroffen; Daniel ist gerade gestorben, und wie ich aussehe, siehst du ja", entgegnete ich. Karl brauchte nicht lange zu überlegen, und vor der versammelten Ärzteschaft sagte er: „Das war kein Pech auf dem Feld. Da hat Gott gehandelt! Im Buch Hiob, im 28. Kapitel, heißt es: ‚Gott lenkt den Blitz in seiner Bahn!' [vgl. Hiob 28,26]. Gott hat Daniel in den Himmel geholt."

> *Gott hat dem Regen ein Gesetz gegeben und dem Blitz und Donner den Weg.*
>
> HIOB 28,26
>
> *Er lässt ihn hinfahren unter dem ganzen Himmel und seinen Blitz über die Enden der Erde.*
>
> HIOB 37,3
>
> *Wer hat dem Platzregen seine Bahn gebrochen und den Weg dem Blitz und Donner?*
>
> HIOB 38,25
>
> Lutherbibel

So verstörend diese Worte bei dem einen oder anderen auch ankamen: Mich trösteten sie in diesem Moment. Selbst wenn ich keinen Zeitpunkt erkennen kann, an dem ich die Gefahr früher hätte registrieren können, so bleiben bei mir doch Schuldgefühle.

Umso schöner war der Moment auf der Intensivstation, als Daniels Mutter Petra mit Daniels Bruder Gerrit zu mir kam und sie mir sagten, dass sie mir keinen Vorwurf machen würden.

Ja, ich glaube, dass Gott Daniel zu sich in den Himmel geholt hat. Und ich weiß, dass Gott keinen Fehler macht. Trotzdem habe ich Jesus immer wieder gesagt, dass mir ein anderer Weg lieber gewesen wäre. Ich vermisse Daniel. Ich bin froh, dass ich zu Jesus so kommen kann, wie ich bin, und er meinen Unverstand aushält. Ich muss mich nicht frommer geben, als ich bin!

GOTT MACHT KEINEN FEHLER. ABER ICH VERMISSE DANIEL.

Mir wurde damals im Krankenhaus berichtet, dass in ganz Deutschland für mich und meine Gesundung gebetet wurde. Dennoch war es für mich – manchmal Kleingläubigen – überraschend, dass die Ärzte beinahe täglich ihrer Verwunderung darüber Ausdruck gaben, dass der Heilungsprozess so überaus positiv verlief.

Trotz meines kritischen Zustands bestand mein behandelnder Arzt aufgrund meiner engen Freundschaft zu Daniel und des wichtigen Abschieds darauf, dass ich im Rollstuhl an einem Daniel-Erinnerungsabend in der Gemeinde und an der Beerdigung teilnehmen sollte. Man brachte mich sogar zur Verabschiedung in die Leichenhalle.

DIE BEERDIGUNG

Auf der Beerdigung hörte ich ein Kind, das nicht wusste, dass ich der Überlebende war, zu seiner Oma sagen: „Warum

WARUM STARB DER JÜNGERE MANN?

macht Gott das so? Warum starb der jüngere Mann? Es wäre doch besser gewesen, wenn der ältere gestorben wäre!"

Da dachte ich mir: *Kindermund tut Wahrheit kund!* So denken wir Leute doch.

Erst hier auf der Beerdigung wurde mir bewusst, wie egoistisch ich um Daniel getrauert hatte: Nicht nur ich hatte meinen besten Freund verloren. Daniels Schachfreunde hatten ihren ebenfalls verloren, genauso wie die Doppelkopfrunde, sein Dauerkarten-Partner, der mit ihm die BVB-Spiele besucht hatte, und, und, und ... Schließlich hatte auch meine Frau einen guten Freund und Glaubensbruder verloren und vor allem – und das war wirklich an mir vorbeigegangen –: Meine Kinder hatten einen sehr guten Freund verloren. Meinen ältesten Sohn Florian, der zu diesem Zeitpunkt 22 Jahre alt war, sah ich am Grab bitterlich weinen; meine Tochter Ronja, damals erst elf Jahre alt, versuchte, Daniels Tod zunächst zu verdrängen, und verarbeitete die Geschehnisse erst Jahre später in einer Therapie. Und nicht zuletzt Nils (17), der zu den Sargträgern gehörte. Nils sagte mir später über seine Art zu trauern: „Nachdem wir den Sarg von einem weiteren Gewitter begleitet in die Erde gelassen hatten und ich das Seil losgelassen hatte, hatte ich den Eindruck, dass auch meine Trauer um Daniel mit in die Grube gegangen war."

DAS LEBEN OHNE DANIEL

Als ich nach mehreren Wochen wieder zu Hause war, brauchte ich Veränderung, und so kauften wir uns neue bunte Stühle.

Doch auch in unserer „Gemeinde im Haus" fühlte ich den schweren Verlust. Daniel fehlte einfach überall. Brüder aus der nahe gelegenen Christlichen Versammlung in Worbscheid kamen **DANIEL FEHLTE EINFACH ÜBERALL.**

DANIEL HOBERG (RECHTS) UND NILS HESSE (LINKS)

regelmäßig, um mit uns zu beten. Die Unterstützung der Geschwister in dieser Zeit treibt mir auch heute noch Freudentränen in die Augen.

Daniel fehlte aber auch im Alltagsleben: beim Schwimmengehen, beim Tortenessen, beim „Schweinchen-in-der-Mitte"-Spielen … Eben überall.

Mein Berufsleben aber konnte nicht warten. In der Firma mit meinen zehn Mitarbeitern musste es weitergehen. So stürzte ich mich wieder in die Arbeit und dachte: *Das Leben läuft nun so weiter wie zuvor.* Tat es aber nicht!

Meine Frau Jutta erkannte, dass ich psychisch sehr verändert war. Auch körperlich war ich über die Verbrennungen hinaus doch schwerer angeschlagen als gedacht. Aller Knorpel in den Knien war auf unerklärliche Weise verschwunden (oder etwa geschmolzen?), und noch viele andere Schädigungen traten zutage, sodass mir klar wurde, dass ich meinen Beruf nicht weiter ausüben konnte. So begann ich in den nachfolgenden Jahren damit, meine Firma abzuwickeln bzw. zu verkaufen. Nach langem Hin und Her zahlte mir meine private Berufsunfähigkeitsversicherung eine Rente, sodass ich ab 2017 eine theologische Ausbildung in Vollzeit am Bibel-Center Breckerfeld starten konnte und mein Leben nochmals eine neue Ausrichtung bekam.

DAS LEBEN LÄUFT NUN SO WEITER WIE ZUVOR. TAT ES ABER NICHT!

Geistlich half mir auch unsere „Gemeinde im Haus", die nach Daniels Heimgang zu einer offiziellen FeG(Bund **F**reier **e**vangelischer **G**emeinden)-Gründungsinitiative wurde. Gestützt auf die entstandenen guten Beziehungen zur Attendorner Heliosklinik begannen wir mit öffentlichen Gottesdiensten unter dem Namen „Aufatmen" in der Krankenhauskapelle, die in die Zimmer der Klinik übertragen wurden.

Durch die Veränderungen im privaten und beruflichen Bereich gaben wir die Gemeindegründung jedoch auf.

RÜCKBLICKEND BLEIBEN AUS DIESER SCHWEREN ZEIT AUCH SEHR GUTE ERFAHRUNGEN. Meine Frau ermöglichte mir in der dadurch frei gewordenen Zeit die theologische Ausbildung in Breckerfeld, die auch Grundlage meiner heutigen Arbeit in den Christlichen Bücherstuben in Dillenburg ist.

Rückblickend bleiben aus dieser Zeit, in die Daniels Tod bzw. Gott uns geführt hat, aber auch sehr gute und gewinnbringende Erfahrungen.

DIE FRAGE DER IDENTITÄT

Als ich damit begann, meine Firma zu schließen bzw. einen Teil davon zu verkaufen, stellte sich mir die Frage, wer ich eigentlich bin, neu. Christliche Wegbegleiter meinten: „Meine Identität ist in Christus!" So richtig das sein mag, konnte ich es doch nicht wirklich fassen. Wie viele Männer identifizieren sich mit dem, was auf der „Habenseite" steht – wie es dann auch in so manchem Werbespot heißt: „Mein Haus, meine Jacht, meine Frau …" So habe auch ich mich oft damit vorgestellt, selbstständiger Stuckateurmeister zu sein. Ich war stolz auf meine Firma – mein Baby.

Nun war das alles weg. Nicht nur die Firma, sondern auch mein einst funktionierender Körper hatte seine Leistungsfähigkeit verloren, und ich litt an Angststörungen. Auf einmal wirkte jede Anforderung auf mich wie eine Bedrohung. Auch mein Sichtfeld ist seit dem Blitz eingeschränkt. Beim Autofahren beispielsweise schaue ich wie durch einen Tunnel.

Mein altes Leben war nicht mehr, und das neue war noch nicht zu sehen.

Vom Blitz getroffen

Neuanfang für Dieter Hesse

Dieter Hesse freut sich auf seine Aufgaben bei den Christlichen Bücherstuben.   Foto: privat

Dillenburg (rsr). Die Christliche Bücherstube gibt dem vor sieben Jahren vom Blitz getroffenen Dieter Hesse eine neue Berufs- und Lebensperspektive als Mitarbeiter in ihrem Buchladen in der Moltkestraße.

Der damals 46-jährige selbstständige Stuckateur-Meister und dreifache Familienvater machte am 24. April 2014 bei strahlendem Sonnenschein einen Spaziergang mit seinem besten Freund, als sich das Wetter rasend schnell änderte und die beiden Männer auf einer Wiese direkt vom ersten Blitzschlag getroffen wurden.

Sein Freund war auf der Stelle tot, Dieter Hesse jedoch konnte mit 30-prozentigen Hautverbrennungen und schweren inneren Verletzungen sogar noch selbst den Notruf absetzen (ausführliche In-

formationen gibt es unter Youtube »CGO Predigt – vom Blitz getroffen«).

Zurück ins Leben

Nach seiner Genesung war Hesse zunächst berufsunfähig und musste sein Geschäft aufgeben. Er hat schon immer gerne gelesen. Lesen ist für ihn auch ein Weg, Gott besser kennenzulernen. Um seinen Glauben noch mehr zu vertiefen, machte er eine dreijährige Umschulung an der Theologischen Fachschule Breckerfeld. Als er von der freien Stelle in der Dillenburger Bücherstube hörte, hat er sich beworben. Denn zu seinem Interesse an Büchern kommt ein echtes Anliegen für Menschen. Die Begegnungen im Laden sind für ihn das A und O.

»Die Bücherstuben gleichen Oasen, wo Menschen auftanken können. Dieses Angebot

gibt es in Dillenburg seit nun 50 Jahren und inzwischen auch in 28 weiteren Orten Deutschlands – von Ravensburg bis Rendsburg, von Bautzen bis Eschweiler. Ich bin den Geschäftsführern der Christlichen Bücherstuben GmbH unendlich dankbar, mir eine neue Chance gegeben zu haben«, sagt Dieter Hesse.

»Für uns ist es eine Win-Win-Situation. Nach dem Ausscheiden unserer langjährigen Mitarbeiterin Sibylle Schnitzer sind wir überzeugt, mit Dieter Hesse den richtigen Nachfolger gefunden zu haben – zuverlässig, hingebungsvoll und an Menschen interessiert«, freut sich Betriebsleiter Markus Koch.

Der Buchladen in der Moltkestraße ist werktags durchgehend zwischen 10 und 18 Uhr geöffnet und samstags bis 13 Uhr.

Diese Tatsache wurde mir in einem Erlebnis mit einem Bauleiter besonders eindrücklich vor Augen gestellt. Ich hatte diesem Bauleiter aus meiner Heimatstadt sein Haus innen und außen verputzt; darüber hinaus hatten wir viele städtische Projekte gemeinsam bewältigt, zuletzt die Renovierung der örtlichen Sonderschule.

Im Zuge meines Weggangs hatte ich dem Käufer meiner Firma noch für zwei Jahre Aufträge besorgt und unter Vertrag genommen. Als ich mir nun mit ihm und dem örtlichen Bauleiter in den Ferien eine weitere Schulsanierung ansehen wollte, begrüßte dieser meinen Nachfolger, schüttelte ihm die Hand und sagte dann zu mir: „Wir brauchen Sie nun nicht mehr. Sie können bereits gehen!" Das saß! Auch hatte ich meinen „Wert" für manchen Architekten, Bauträger und andere Menschen verloren. Ich musste von Jesus von Grund auf neu lernen, dass meine Identität nicht in dem

FAMILIE HESSE 2017
V. L. N. R.: RONJA, FLORIAN, NILS, JUTTA, DIETER

liegt, was ich tue. Ja, nicht einmal in dem, was ich für Jesus tue. Es brauchte einige Zeit, bis ich anfing zu verstehen, dass die Gemeinschaft mit Gott und das Vertrauen auf das, was Jesus tut, mir meinen inneren Frieden und somit Identität geben.

Seit dem Blitz *muss* ich vieles nicht mehr. Ich erlaube mir einfach zu *sein*. Ich erfreue mich an dem, was ist: an meiner Frau Jutta, meinen Kindern und nicht zuletzt meiner Arbeit im Buchladen.

ERINNERUNGEN AN DANIEL, DIE BLEIBEN

DANIEL STEHT FÜR ENTSCHLOSSENHEIT IN DER NACHFOLGE JESU TROTZ ALLER SCHWACHHEITEN.

Daniel steht für mich für Entschlossenheit in der Nachfolge Jesu trotz aller Schwachheiten. Er selbst wollte Jesus immer ohne Kompromisse nachfolgen und versuchte, dies auch anderen zu vermitteln. Daher waren ihm diejenigen Bibelverse, die davon handeln, besonders wertvoll.

Ihm war es wichtig, stets vollmächtig zu beten! Er war davon überzeugt, dass die Kraft, die Jesus von den Toten auferweckt hat, auch in uns wohnt:

> *Wenn aber der Geist dessen, der Jesus aus den Toten auferweckt hat, in euch wohnt, so wird er, der Christus Jesus aus den Toten auferweckt hat, auch eure sterblichen Leiber lebendig machen wegen seines in euch wohnenden Geistes.*
>
> RÖMER 8,11

In einem seiner letzten Sonntagsgottesdienste spielten wir mit allen Anwesenden so etwas Ähnliches wie eine Schnitzeljagd in der gesamten Ortschaft. Wir sollten den Siegeskranz finden. Als Einleitung dazu hatte er die folgenden Verse herausgesucht:

> *Wisst ihr nicht, dass die, welche in der Rennbahn laufen, zwar alle laufen, aber einer den Preis erlangt? Lauft so, dass ihr ihn erlangt! Jeder aber, der kämpft, ist enthaltsam in allem; jene freilich, damit sie einen vergänglichen Siegeskranz empfangen, wir aber einen unvergänglichen.*
>
> 1. KORINTHER 9,24-25
>
> *Nicht, dass ich es schon ergriffen habe oder schon vollendet bin; ich jage ihm aber nach, ob ich es auch ergreifen möge, weil ich auch von Christus Jesus ergriffen bin. Brüder, ich denke von mir selbst nicht, es ergriffen zu haben; eines aber tue ich: Ich vergesse, was dahinten, strecke mich aber aus nach dem, was vorn ist, und jage auf das Ziel zu, hin zu dem Kampfpreis der Berufung Gottes nach oben in Christus Jesus. So viele nun vollkommen sind, lasst uns darauf bedacht sein! Und wenn ihr in irgendetwas anders denkt, so wird euch Gott auch dies offenbaren. Doch wozu wir gelangt sind, zu dem lasst uns auch halten!*
>
> PHILIPPER 3,12-16

Diese Verse passen sehr gut zu seinem Leben.

DIETER HESSE

DANKMAR FISCHER

Dankmar Fischer, Jahrgang 1949, verheiratet, drei Kinder, sechs Enkel, Pastor und Sozialarbeiter im Ruhestand. Nach dem Studium von Theologie, Diakonie und Sozialarbeit in Hamburg arbeitete er 36 Jahre als Pastor in der Evangelischen Methodistischen Kirche. Daneben war er viele Jahre ehrenamtlich in der Heilsarmee in Hamburg–St. Pauli tätig. Später arbeitete Fischer mit der Mission Ost-West als Dozent an theologischen Seminaren in der Ukraine und im Kosovo. Darüber hinaus dozierte er 40 Jahre lang als Gastlehrer für Kirchengeschichte, Konfessionskunde und praktische Theologie an der Freien Theologischen Fachschule Breckerfeld. Dabei unterrichtete er u. a. Dieter Hesse.

4

„WENN EINEN DER BLITZ TRIFFT!"

Diese Redensart wird meistens nicht in ihrem wörtlichen Sinn verwendet. Leider gibt es aber einige Fälle im Leben, auf die diese wörtliche Bedeutung zutrifft.

Ein Beispiel ist Martin Luther, als er unterwegs war und versprach, Mönch zu werden (vgl. S. 8). Bei Daniel Hoberg hatte das Gewitter sogar Todesfolgen. Und dies auch noch während eines Gebetsspaziergangs. Gottes Wege können sehr seltsam sein, sodass wir sie nicht verstehen. An dieser Stelle helfen keine Erklärungen, es bleibt nur die Aussage: „Schweig, so sind die Wege Gottes!" Denn Glaubenswege sind eben oft keine Höhenwege.

GOTTES WEGE KÖNNEN SEHR SELTSAM SEIN, SODASS WIR SIE NICHT VERSTEHEN.

Diese Gedanken zuckten mir durch den Kopf, als ich Dieter Hesse das erste Mal sah.

Dies geschah am Freundestag des Bibel-Centers Breckerfeld. Als langjähriger Gastlehrer war ich wie jedes Mal gespannt, wer da so vorgestellt würde und wie viele Neue kommen würden. Da stand unter den Bewerbern ein älterer Herr. *Ist das mein neuer Kollege?*, fragte ich mich. Dann gab Dieter sein bewegendes Zeugnis. Seither bete ich für ihn und seine Familie. Bis heute habe ich damit nicht aufgehört.

> *Das geknickte Rohr wird er nicht zerbrechen, und den glimmenden Docht wird er nicht auslöschen. In Treue trägt er das Recht hinaus.*
>
> JESAJA 42,3

Unter diesem Wort durfte ich Dieter die gesamte Studienzeit hindurch begleiten. Sehr bewegt haben mich auch das Singen und das Musizieren seiner Gattin.

Dass eine Familie einen solchen Lebens- und Dienstweg aus Gottes Hand nehmen kann, ist nicht selbstverständlich. Während der Sohn an einer freikirchlichen Hochschule studiert, geht der Vater auf eine Bibelschule.

Was einst auf Gottes Geheiß klein und fast verborgen am Hasenlauf (Straßenname) in Hagen begann, hilft mit, dass das Evangelium weltweit verbreitet wird. Ehemalige wurden und werden nach Deutschland und in die ganze Welt ausgesandt. Meine Aufgabe in Breckerfeld bestand im Unterrichten der Fächer Konfessionskunde, Kirchengeschichte und praktische Theologie. Dabei war mir immer das praktisch-seelsorgerliche Lernen und Lehren besonders wichtig.

DIETERS DEMUT UND DIENSTHINGABE UNTER JUNGEN LEUTEN STÄRKTEN MEINEN GLAUBEN.

Dieters Demut und Diensthingabe unter jungen Leuten stärkten meinen Glauben. Dankbar beobachtete ich den erfahrenen Mann zwischen den jungen Hüpfern und seine väterlich-brüderliche Ausstrahlung sowie seine Lernbereitschaft.

Gerade in Kirchengeschichte hatten wir eine besondere Erfahrung der Verbundenheit. Unter den verschiedenen Ausprägungen der Reformation ist mir die täuferisch-mennonitische besonders lieb, aber auch die Haltung

Luthers, mit der er sich gegenüber den Schweizer Richtungen abgrenzte. Das verband mich schnell mit Dieter. Er hat hier auch eine große Liebe zu geistlich suchenden und verirrten Menschen. Ihnen kann er Gottes Reich und die rettende Liebe Jesu über alle dogmatischen Grenzen hinaus lieb und deutlich machen.

Gerade auch Menschen mit römisch-katholischem Hintergrund kann Dieter sehr liebevoll und entgegenkommend von Christus erzählen, ohne sie zu verletzen.

Seine Absolvierung fiel mit meinem Abschied aus dem langjährigen Dienst zusammen. Er verabschiedete mich in einem Lutherkostüm mit warmherzigen Worten. Danke!

Anschließend dufte ich ihn mit dem oben genannten Jesaja-Wort einsegnen. Von Herzen freue ich mich nun über seinen Dienst nach John Wesleys Motto „preach and print! – predige und drucke!"

DANKMAR FISCHER

V. L. N. R.: BIBELSCHULLEITER JOHANNES VOGEL, DANKMAR FISCHER UND DIETER HESSE

PETRA HOBERG

Petra Hoberg, Jahrgang 1958, Mutter von drei Kindern, gelernte Gastronomin. Heute ist Petra als Alltagsbegleiterin tätig und arbeitet ehrenamtlich als Sterbebegleiterin für das St. Elisabeth-Hospiz in Lennestadt und ist Teil der Selbsthilfegruppe „Leben ohne Dich" in Kierspe, für Eltern, die ihr Kind verloren haben.

INTERVIEW MIT PETRA HOBERG

DIETER & JUTTA HESSE, PETRA HOBERG, RAHEL KASEMANN

Am 27.08.2023 trafen wir – Petra Hoberg, Rahel Kasemann, Dieter und Jutta Hesse – uns zu einem Abend unter Freunden. Wir vier fühlen uns verbunden, weil wir alle eine besondere Beziehung zu Daniel hatten. Allen voran natürlich Petra als seine Mama. Bei Rahel, Dieter und Jutta geht die Verbindung auf die „Gemeinde im Haus" zurück, die wir zu der Zeit des Unglücks zusammen mit Daniel besuchten. Dementsprechend eng sind unsere Beziehungen untereinander. An diesem Abend im August, mehr als neun Jahre nach Daniels Tod, wollen wir uns über unsere Erinnerungen austauschen und vor allem von Petra erfahren, was sie in der schlimmen Zeit des Todes ihres Sohnes gedacht, gefühlt und erlebt hat. Was hat ihr in dieser Zeit geholfen, was war für sie schwierig?

Liebe Petra, es ist für uns alle, auch nach neun Jahren, immer noch unvorstellbar, was damals passiert ist. Eine Mutter, die ihr Kind verliert, kann nur jemand verstehen, der das gleiche Leid erlebt hat. Wir möchten heute Abend dennoch mit dir auf die Reise gehen, um durch deine Gedanken, Erinnerungen und Gefühle ein bisschen mehr von deiner großen Trauer verstehen zu können. Fangen wir von vorne an: Wie erreichte dich die Nachricht von Daniels Tod?

Ich kam nach der Arbeit nach Hause, und weil ich sehr müde war, legte ich mich hin. Kurz darauf öffnete sich meine Tür, und Franjo (Daniels Vater) rief nach mir. Er hörte sich komisch an. Aufgrund meiner Müdigkeit war ich gereizt und dachte nur: *Warum bekommt er denn keinen Ton heraus?* Aber dann sagte er nur: „Daniel ist tot!" Da war mir alles klar. Ich ging mit in Daniels Zimmer, wo die Polizisten saßen und uns berichteten, dass Daniel vom Blitz getroffen worden und gestorben war. Ich weiß noch genau, dass ich mich bei der Polizistin für die Nachricht bedankte und diese sehr betroffen antwortete, dass ich mich für so eine Nachricht doch nicht zu bedanken bräuchte.

Was waren deine ersten Gedanken nach dieser erschütternden Nachricht?

Ich habe sofort gedacht: *Ich möchte mein Kind sehen!* Der Bestatter bat uns allerdings, erst am nächsten Tag zu kommen, damit er Daniel noch anziehen und vollends richten könne. Das war ganz schrecklich für mich, da ich ihn so gern direkt angefasst hätte und einfach die Gewissheit brauchte, dass es stimmte, was die Polizisten gesagt hatten. Außerdem kamen direkt Schuldgefühle in mir auf, obwohl ich auf dem Feld nicht dabei gewesen war. Es waren auch eher Schuldgefühle in Bezug darauf, was ich als Mama alles falsch gemacht hatte. Was ich versäumt hatte. Sie betrafen meine Entscheidungen in der Kindheit Daniels und seiner Brüder. So kam mir beispielsweise ein Gespräch in den Sinn, das ich einmal mit Daniel über seine Kindheit geführt hatte. Damals hatte er mich mit folgenden Worten ermutigt: „Du hast das Beste für uns getan, was dir in diesem Moment möglich war. Schau doch, was aus mir geworden ist." Alle anderen Erinnerungen an diesen Abend sind weg. Ich weiß nicht mehr, wer da war und worüber wir noch gesprochen haben – absoluter Filmriss!

ICH HABE SOFORT GEDACHT: *ICH MÖCHTE MEIN KIND SEHEN!*

Wie hast du die darauffolgenden Tage erlebt?

Ich war wie in einer Blase. Irgendwie habe ich aufgehört, über alles nachzudenken und Spekulationen zu machen.

Ich hatte sehr schnell die Vorstellung, dass sich im Himmel alles klären wird – alle meine Fragen werden dort beantwortet werden. Der wichtigste Gedanke in dieser Zeit war, dass Daniel jetzt alles weiß: dass ich ihn geliebt habe und wieso ich manchmal anders reagiert habe, als er es erwartet hat.

An einem dieser Tage hatte ich aber noch ein heftiges Erlebnis: Ein Fußballfan, mit dem Daniel manchmal im Stadion war, klingelte an der Tür und fragte doch allen Ernstes nach den Dauerkarten für das Dortmunder Stadion. Ich wurde total sauer und suchte zum ersten Mal nach Daniels Tod überhaupt etwas in seinem Zimmer. So fand ich dann auch die Karten – aber was viel wichtiger und besonders war: Ich fand auch sein Testament. Auf dem Schreibtisch lag ein Brief mit der Aufschrift „THE LAST WILL". Da wurde mir klar: Gott hatte den jungen Mann benutzt, damit ich diesen Brief fand. Es bewegte mich zutiefst, dass es in diesem Brief, also seinem Testa-

IN DANIELS TESTAMENT GEHT ES NICHT UM BESITZ, SONDERN UM MENSCHEN.

ment, nicht um irdische Besitztümer geht, sondern um Menschen. Daniel wünschte sich, dass sowohl wir, seine Familie, als auch seine Freunde den Weg in den Himmel fänden. Er benannte jeden Einzelnen sogar mit Namen.

Die Beerdigung nahm ich wie durch einen Schleier wahr. Ich kann mich nicht mehr an konkrete Dinge erinnern, außer daran, dass während der Beisetzung auf dem Friedhof ein lauter Donner zu hören war. Durch diesen Donner fühlte ich mich Jesus und Daniel besonders nahe. Daher fand ich ihn sehr schön. Während viele andere Menschen Angst bekamen, war für mich dieser Donner sehr passend.

Abschiedsworte vom Daniel Holberg

1. an meine gesamte Familie:

Auch wenn es euch wohlmöglich schwer fällt, trauert nicht um mich. Ich bin an einem Ort, an dem es mir erheblich besser geht, als hier auf Erden.

Es gibt eine Möglichkeit, dass wir uns wiedersehen! Lasst euch bitte in dieser Angelegenheit von Martin Piepersberg und Dieter Hesse beraten.

2. an Dieter Hesse und Martin Piepersberg:

Ich möchte euch nochmal ganz besonders für alles danken, was ihr für mich getan habt.

Bitten möchte ich euch – was ich in meiner ganzen Schwachheit nicht geschafft habe – weiter zu führen. Kümmert euch bitte um meine Familie.

3. an die CGA:

Danke für den Wachstum, welchen ich bei euch erfahren konnte. Ich möchte von euch beerdigt werden.

4. an Jan Piepersberg, Daniel Brockhaus, Niklas Hoffmann und Simon Schoppmann:

Ich bitte euch noch ein letztes Mal ganz eindringlich euch um Markus Hesse, Florian Hesse, Jan-M. Banschkus, Cissy Steeg, Jörg Schröder, Thomas Hillecke und Lukas Dröge zu kümmern und an ihnen durch eine Liebe den Weg zum Vater zu zeigen

Aller herzlichste Grüße
Daniel Holberg

The Will of Daniel Hoberg

– Das TESTAMENT vom Daniel Hoberg –

(Eigenhändiges, handgeschriebenes Testament)

Meinen gesamten Besitz möchte ich folgenden 6 Personen zu gleichen Teilen vermachen:

1. Dieter Hesse
2. Christopher Hoberg
3. Franz-Josef Hoberg
4. Gismit Hoberg
5. Petra Hoberg
6. Martin Piepersberg

Ich möchte, dass dieses Testament jedem, der oben aufgeführten sechs Personen, persönlich vorgelegt wird.
Sowohl Geld und materielle Gegenstände sollen unter den Erben einvernehmlich aufgeteilt werden.

Attendorn, 04.08.2009

Daniel Hoberg

"Lieber Vater, liebe Mutter,
Wenn ihr diese Zeilen lest, sorgt euch nicht um mich –
ich bin an einem wunderbaren Ort.
Sorgt euch vielmehr darum, dass ihr selbst
an diesen wunderbaren Ort gelangt."

FREIE FORMULIERUNG VON DIETER HESSE

Wie hat Daniel in seinem Leben zu Gott gefunden? War das ein konkretes Erlebnis, oder wie können wir uns das vorstellen?

Daniel war Mathematiker und Physiker durch und durch. Er brauchte für alles eine logische Erklärung. Er suchte und forschte so lange, bis es ihm logisch erschien. Das war mit seinem Glauben nicht anders: Daniel hat sich seinen Glauben erarbeitet. Er hat alles hinterfragt, alles nachgelesen, war immer auf der Suche. So hat er sich unzählige Predigten und Vorträge angehört, um sich selbst eine Meinung zu bilden und zu verstehen, was die Bibel sagen will und wer Gott letztendlich ist. Vielleicht hatte seine Vorgehensweise damit zu tun, dass er das Gefühl hatte, früh sterben zu müssen. In der Schule hatte er einen christlichen Mitschüler, der ihn zu Predigten und Hauskreisen mitnahm und so schnell mit weiteren Christen in seinem Alter in Verbindung brachte. Ich denke, das war Fügung. Er hatte nicht DAS Erlebnis. Daniel war eine Leitungsfigur. Einerseits stark, andererseits schwach und schüchtern, sehr ehrgeizig und zielstrebig, dominant. Wenn er etwas vorantrieb, mussten das die anderen auch tun.

> **DANIEL BRAUCHTE FÜR ALLES EINE LOGISCHE ERKLÄRUNG. DAS WAR MIT SEINEM GLAUBEN NICHT ANDERS.**

> **DANIEL WAR EINE LEITUNGSFIGUR.**

Wie gehst du mit dem Erlebten um, wie lebst du heute damit?

Ich habe meine Gedanken ausgeschaltet, sonst hätte ich das nicht überlebt. Aufgrund meiner eigenen familiären Situation als Kind musste ich das leider schon früh lernen.

Ich habe gepuzzelt – das lenkt die Gedanken ab. Ich habe Wein getrunken – damit ich schlafen konnte. Es entstand eine Abhängigkeit. Ich wollte sofort hinter meinem Kind hergehen – das ging aber nicht, da ich noch zwei Kinder habe. Ich habe gedacht, dass ich besser keine Kinder bekommen hätte, sodass ich diesen Schmerz nicht ertragen müsste. Aber diesen Gedanken habe ich sofort wieder verworfen, da Kinder das beste Geschenk sind. Meinen Söhnen Gerrit und Christopher habe ich auch gesagt, dass die Trauer um Daniel nicht stärker als im Falle ihres Todes sei, sondern dass ich bei ihnen genauso traurig gewesen wäre.

Die Phase mit dem Puzzeln ist jetzt vorbei, ich kann auch wieder lesen. Aber die Gedanken sind nach wie vor ausgeschaltet. Normale Planungen sind dadurch nicht möglich. Aber ich mache mir auch keine Sorgen mehr, sondern lebe einfach jeden Tag neu: aufstehen, arbeiten, überleben. Wein trinke ich auch nicht mehr, das hat Gott mir genommen. Von allein hätte ich das nicht geschafft.

Was mir immer wieder in den Sinn kommt, ist, dass ich 2013, also ein Jahr vor dem Blitz, einen Traum hatte. Ich war in einer Kur in Bad Steben und träumte, dass zwei meiner Kinder sterben würden. Dieser Traum war so real, dass ich den ganzen Tag weinen musste.

Kurz nach Daniels Tod bin ich nach Wiedenest zur Bibelschule gefahren, um mir den Ort anzusehen, wo Daniel zuletzt die meiste Zeit verbracht hat. Ich habe mir sein Zimmer angesehen und versucht, seine letzten Wege nachzuvollziehen.

Ich habe Gott nie die Schuld gegeben. Auch Dieter nicht. Manche verrennen sich darin, bei anderen die Schuld zu suchen. Ich bin sehr dankbar, dass ich diese Eigenschaft nicht habe.

ICH HABE GOTT NIE DIE SCHULD GEGEBEN.

Liebe Petra, danke, dass du uns in deine intimsten Gedanken mit hineinnimmst. Möchtest du noch etwas dazu sagen, was einem in der Zeit der Trauer guttut und was aus deiner Sicht gar nicht geht?

Ja, das möchte ich sehr gern. Denn hier besteht wirklich ein Defizit in unserer Gesellschaft und vor allem in unseren christlichen Gemeinden. Ich habe es vermisst, dass einfach jemand mit einer Suppe vorbeikommt und wir reden, schweigen und einfach zusammen sind. Menschen, die mir Zeit geschenkt haben, waren sehr hilfreich und guttuend. Leider gab es davon nicht viele. Stattdessen wurde ich mit den christlichen Floskeln abgespeist, die jeder so kennt: „Daniel ist jetzt bei Jesus. Jetzt geht es ihm gut." – „Die Zeit heilt alle Wunden." – „Du musst nicht traurig sein." Ihr kennt all diese Floskeln. Aber sie sind in solch einem Moment nicht hilfreich. Darüber hinaus hasse ich dieses Schubladendenken – das ist das Schlimmste, was es auf dieser Welt gibt! Statt Bibelverse zu zitieren, wäre es viel hilfreicher gewesen, mich einfach mal in den Arm zu nehmen und mit mir zu weinen. Die Ärztin in der Klinik Wittgenstein, in der ich war, hatte dies verstanden. Sie sagte – und weinte dabei sogar eine Träne: „Ich fühle Ihren Schmerz." Das hat mir so gutgetan. Jemand, der mitfühlt, der mir nicht vorschreibt, was und wie ich fühlen muss.

Ein anderes positives Erlebnis war tatsächlich der Artikel über Daniels Tod in der BILD-Zeitung. Sie war die

> **MENSCHEN, DIE MIR ZEIT GESCHENKT HABEN, WAREN SEHR HILFREICH UND GUTTUEND. LEIDER GAB ES DAVON NICHT VIELE.**

> **JEMAND, DER MITFÜHLT, DER MIR NICHT VORSCHREIBT, WAS UND WIE ICH FÜHLEN MUSS.**

einzige Zeitung, die tatsächlich meine Gedanken eins zu eins wiedergab. Der Journalist zitierte sogar den von mir ausgesprochenen Satz: „Vielleicht musste er so früh gehen, weil Gott eine andere Aufgabe für ihn hatte" (siehe rechte Seite). Außerdem war ich erstaunt, dass ausgerechnet diese Zeitung den Bibelvers von Daniels Schreibtisch in dem Artikel erwähnte: *„Gott nahe zu sein ist mein Glück"* (Psalm 73,28). Viele haben mich einfach abgebügelt, sie wollten schnell den Deckel auf die „Büchse Daniel" machen. Nur nicht daran denken. Einfach so weitermachen wie bisher. Für mich jedoch war von Anfang an eines klar: Es wird nie wieder normal sein. Man kann wieder glücklich sein, aber es wird nicht mehr so sein, wie es einmal war.

FÜR MICH JEDOCH WAR VON ANFANG AN EINES KLAR: ES WIRD NIE WIEDER NORMAL SEIN.

Diese Erkenntnis führte mich zu der Selbsthilfegruppe „Leben ohne dich e. V.". Auch diesen Schritt konnten vor allem christliche Geschwister nicht verstehen. So wurde ich doch allen Ernstes gefragt, warum ich denn zu einer Selbsthilfegruppe gehen und noch immer trauern würde, obwohl doch mittlerweile schon ein paar Jahre seit dem Blitz vergangen wären. Ich kann nur sagen: Die Selbsthilfegruppe hat mir sehr gutgetan. Ich musste mich nicht ständig erklären, die anderen hatten ähnliche Schicksale erlitten. Daher musste ich dort auch nicht an meinen eigenen Gefühlen zweifeln. Ich kann den anderen Teilnehmern sogar ein wenig helfen, da ich diese Gruppe erst nach einiger Zeit fand, und meine bereits gemachten Erfahrungen einbringe.

Vielen Dank, Petra, für deine ehrlichen Worte und den Einblick in dein Inneres!

Stofffetzen liegen auf der Wiese, hier wurden die beiden Männer vom Blitz getroffen

Lehrer Daniel (25) von Blitz erschlagen!

Seine Mutter sagt: „Vielleicht musste er so früh gehen, weil Gott eine andere Aufgabe für ihn hatte"

Daniel H. († 25) starb durch einen Blitzschlag

Von K. WEUSTER und F. SCHNEIDER

Attendorn – Der Blitz riss ihn mitten aus dem Leben. Sekundenbruchteile entschieden über das Schicksal von Daniel H. (25). Bei einem Gewitter starb der junge Lehrer auf einem Feldweg in Attendorn-Ennest.

Die erdverkrustete Brieftasche ihres Sohnes liegt vor Petra H. (56) auf dem Holztisch in Daniels Zimmer. 20 Meter weit sei das Portmonee durch die Luft geflogen, erzählt die Mutter stockend. Der Blitz traf den gläubigen Christen beim Spaziergang mit einem Freund aus der „Christlichen Gemeinde Attendorn", einer freien Kirche. Die Männer waren gerade auf der Suche nach einem sicheren

Unterschlupf, als das tödliche Gewitter sich direkt über ihnen entlud. Daniel hatte keine Chance, sein Begleiter Dieter H. (46) überlebte mit schweren Verbrennungen.

Mutter Petra: „Sein felsenfester Glauben war der Mittelpunkt in Daniels Leben. Er diskutierte leidenschaftlich über theologische Fragen. Vielleicht musste er so früh gehen, weil Gott eine andere Aufgabe für ihn hatte."

Das Portmonee des Blitzopfers ist erdverkrustet, beim Blitzeinschlag flog es 20 Meter durch die Luft

Der älteste von drei Brüder absolvierte in Rekordzeit Schule, Lehramts-Studium und Referendariat. Im Sommer sollte er als Mathe- und Physiklehrer am Gymnasium anfangen. In seiner Freizeit pfiff er als Schiedsrichter Fußballspiele, spielte im Schach-Club und reiste zu fast sämtlichen Spielen seines Lieblings-Vereins. Schwarzgelbe Schals hängen im Jugendzimmer, das Bett ist mit BvB-Bettwäsche bezogen.

Nachdenklich nimmt Mutter Petra einen gerahmten Spruch von Daniels Schreibtisch. „Gott nahe zu sein ist mein Glück" steht dort – die Jahreslosung seiner Gemeinde. „Irgendwann finde ich sicher Trost in diesen Worten. Daniel hat soviel Licht in unsere Welt getragen, und jetzt ist er an einem guten Ort. Aber noch tut es einfach nur weh ihn hergeben und ohne ihn leben zu müssen."

Daniels Begleiter, Stuckateur-Meister Dieter H., ist mittlerweile außer Lebensgefahr. Nach vorsichtigen Prognosen der Ärzte wird er das Unglück ohne Folgeschäden überstehen.

RAHEL KASEMANN

Rahel Kasemann, Jahrgang 1982, verheiratet, zwei Kinder, Grundschullehrerin. Zum Zeitpunkt der Ereignisse gehörte Rahel auch zur „Gemeinde im Haus" und war eine gute Freundin von Daniel.

6

WAS VON EINEM GUTEN FREUND BLEIBT

Am Nachmittag des 24. April 2014 rief mich Jutta Hesse an. Sie sagte, sie müsse mir etwas Schlimmes sagen, und bat mich, mich hinzusetzen. Ich war fassungslos, als sie mir sagte, was passiert war, und konnte es kaum glauben. Nur langsam sickerte das Unfassbare zu mir durch.

Am Abend vorher waren wir noch zusammen Pizza essen gewesen – Daniel, Jutta, Dieter und ich. Ich sehe immer noch vor meinem inneren Auge Daniel nach dem Verabschieden in der Dunkelheit verschwinden: Er ging zu Fuß nach Hause, mit den Worten: „Wir sehen uns!"

DANIEL GING NACH HAUSE MIT DEN WORTEN: „WIR SEHEN UNS!"

Wir gehörten beide zu der „Gemeinde im Haus". Mindestens zweimal in der Woche trafen wir uns dort, um zusammen zu beten, Bibel zu lesen, zu essen, einfach Zeit miteinander zu verbringen.

Meine Trauer war groß, schließlich hatte ich einen guten Freund verloren. Besonders im letzten Jahr vor Daniels Tod war unsere Freundschaft sehr intensiv geworden. Außerdem konnte ich mir unsere Gemeinde ohne Daniel nicht mehr vorstellen. So wurde neben der Trauer für mich auch meine gesamte Zukunft infrage gestellt. Ich war zu dieser Zeit auf der Suche nach einer Wohnung in Attendorn, um näher bei der Gemeinde zu wohnen – auch diese Suche ruhte bis auf Weiteres.

Drei Tage nach Daniels Tod blätterte ich auf der Suche nach Trost in meiner Bibel. Mein Blick fiel auf Psalm 107,9, wo steht:

> *Denn er hat die durstende Seele gesättigt, die hungernde Seele mit Gutem erfüllt.*

Ich hatte den Eindruck: Hier stand etwas über Daniel. Genauso hatte ich ihn erlebt und wahrgenommen: immer auf der Suche, rastlos, noch nicht angekommen. Dann aber hatte Gott ihn gefunden; fortan suchte Daniel nach Gott, er hatte ein großes Verlangen nach Lebendigkeit und kraftvollem Leben. Daniel hatte eine Abneigung gegen Kompromisse und alles, was lauwarm war. Das erwartete er aber auch von anderen. Für halbherzige Gebete und leeres Gerede hatte er wenig übrig.

DANIEL SUCHTE NACH GOTT, ER HATTE EIN GROSSES VERLANGEN NACH LEBENDIGKEIT UND KRAFTVOLLEM LEBEN.

Dieser Vers aus Psalm 107 war mir ein echter Trost. Hier zeigte sich mir Gott als derjenige, der Daniel durch und durch kannte und ihn noch unfassbar viel mehr liebte als wir. Er hatte Daniels Suche und seine Sehnsucht gesehen. Er hatte sich Daniel so gezeigt, dass er erkannte, dass Jesus Christus, Gottes Sohn, das Ziel seiner Suche ist, sodass er um Vergebung seiner Schuld bitten konnte und Gottes Kind werden durfte. Wie viel mehr erlebt Daniel jetzt, wo Jesus ihn ganz zu sich geholt hat, dass Gott seinen Hunger stillen und einfach alles für ihn sein will! Das gönne ich Daniel von ganzem Herzen.

DANIEL AUF EINER JUGENDFREIZEIT

DANIEL ERLEBT JETZT, DASS GOTT SEINEN HUNGER STILLEN UND EINFACH ALLES FÜR IHN SEIN WILL!

Wenn ich an unsere gemeinsame Lebenszeit zurückdenke, ist mir besonders unser Gemeindewochenende an der Oestertalsperre im Januar 2014 in Erinnerung geblieben. Unser Wunsch für dieses Wochenende war es, herauszufinden, wie der Herr Jesus sich Gemeinde vorstellt und wünscht. Dafür haben wir zusammen gebetet und in der Bibel geforscht. Daneben war auch viel Zeit für Gemeinschaft. Daniel liebte neben Fußball auch Gesellschaftsspiele, bei denen man sich unter Beweis stellen konnte. Dabei hatten Daniel und ich für uns das Spiel Halli Galli entdeckt.

Unser Ehrgeiz kannte kaum Grenzen, jeder wollte das schnellere Reaktionsvermögen haben. Am Ende brauchten wir Pflaster. Beim Geländespiel hatte Daniel sich in einer Dornenhecke verfangen. Er war unfähig, sich zu befreien, und rief ernsthaft um Hilfe. So war Daniel: stark und kraftvoll, aber auch schwach und verletzlich.

An Daniels Leben ist mir noch etwas deutlich geworden: Daniel hatte Sorgen und Ängste wie wahrscheinlich jeder von uns. Gleichzeitig war er ein Mathematiker, der gern alles berechenbar und unter Kontrolle haben wollte. Das führte zum Beispiel dazu, dass er kein Smartphone hatte, weil er sich vor ungesunden Strahleneinflüssen schützen wollte. Er achtete auch pedantisch auf eine gesunde Ernährung mit so wenig Zusatzstoffen wie möglich und hielt seinen vorbildlichen, gesunden Lebensstil aufrecht. Dagegen ist natürlich gar nichts zu sagen, ganz im Gegenteil. Aber eines wird trotzdem klar: Wir haben unser Leben nicht in der Hand. Wir wissen nicht, was morgen ist oder was in fünf Minuten passiert.

Welche Hoffnung und Zuversicht liegen deshalb in dem Wissen, dass wir nicht einem kalten Schicksal überlassen sind, sondern uns zu jeder Zeit und überall in der Hand Gottes befinden, der alle Macht hat und der uns unendlich liebt. Diese Hand ist deshalb der sicherste Ort, den es gibt.

> **SO WAR DANIEL: STARK UND KRAFTVOLL, ABER AUCH SCHWACH UND VERLETZLICH.**

> **WIR HABEN UNSER LEBEN NICHT IN DER HAND.**

> **WIR BEFINDEN UNS ZU JEDER ZEIT UND ÜBERALL IN DER HAND GOTTES, DER ALLE MACHT HAT UND DER UNS UNENDLICH LIEBT.**

Was bleibt noch? Es bleibt die Erinnerung an einen faszinierenden und inspirierenden jungen Mann, der mein Leben bereichert und meinen Horizont erweitert hat.

Und ja, wir sehen uns! Wir werden uns wiedersehen, auch wenn es etwas länger dauert als gedacht.

RAHEL KASEMANN

MARTIN PIEPERSBERG

Martin Piepersberg, Jahrgang 1959, verheiratet mit Heike, vier Kinder aus seiner ersten Ehe mit Elke; Gebietsmissionar, Mitbegründer und lange Zeit Ältester der Christlichen Gemeinde Attendorn (CGA, Brüdergemeinde). Als Familie begleiteten Martin und Elke Daniel ab 2007 in seinen ersten Jahren als Christ sehr intensiv. Erst als Daniel sich 2013 von der CGA löste, um die „Gemeinde im Haus" mitzugründen und Jesus vielfältiger zu suchen, nahm der Kontakt ein wenig ab. Martin selbst durfte nach dem Tod seiner Ehefrau Elke Heike kennenlernen und durch die Heirat ein neues Zuhause finden. Heute ist das Ehepaar in einer Gemeindegründung in Sprockhövel-Hasslinghausen involviert.

INTERVIEW MIT MARTIN PIEPERSBERG

Wir trafen uns mit Martin am 14.09.2023 in Ennepetal.

Martin, was kommt dir in Erinnerung, wenn du an Daniels erste Kontakte mit dem Glauben zurückdenkst?

Daniel bekam schon als Kind verschiedene Schriften und Hefte des Missionswerkes Heukelbach. Ich weiß nicht, von wem, aber es interessierte ihn sehr, was darin stand, und so hat er sie aufmerksam gelesen. Als er dann als Schüler in seiner Schule einen christlichen Freund fand, mit dem er später auch Abi machte, fiel ihm wieder ein, dass er früher diese Heftchen gelesen hatte, und er war interessiert an dem, was dieser Freund ihm von Jesus erzählte. Es war auch dieser Mitschüler, der Daniel 2008 zur Gemeinde in Attendorn brachte. Seitdem kam

ICH BEGANN, EINE FREUNDSCHAFT MIT DANIEL AUFZUBAUEN, UND NAHM IHN MIT IN MEINE EIGENE FAMILIE.

Daniel jeden Sonntag mit dem Fahrrad zum Gottesdienst. Dort fand er eine Gemeinschaft, wie er sie suchte. Ich begann, eine Freundschaft mit ihm aufzubauen, und nahm ihn mit in meine eigene Familie. Durch Unternehmungen wie Fahrradtouren, Essen gehen oder das Treffen an jedem Freitag um 6 Uhr zum Bibellesen und Frühstücken vertiefte sich unsere freundschaftliche Beziehung. Während seines Studiums (zum Mathematik- und Physiklehrer) arbeitete er zusammen mit Jan, meinem Sohn, und einigen anderen in der Jungschar der Gemeinde mit. Hier fiel bereits seine analytische, strukturierte Art der Vorbereitung und Leitung angenehm auf. Meine jüngste Tochter Marie äußerte oft, dass Daniel sie durch ihre Teenie-Zeit begleitet habe. Sie erzählte mir auch von seiner Mitarbeit in der Jugend: „Ich weiß, dass er mich immer sehr lieb miteinbezogen und sehr oft ermutigt hat in meiner Teenie-Zeit. Das sind so meine ersten Erinnerungen an ihn … und wie er mich nach meiner Taufe gedrückt hat."

„ICH WEISS, DASS ER MICH IMMER SEHR LIEB MITEIN-BEZOGEN UND SEHR OFT ERMUTIGT HAT."

Aufgrund eurer guten Beziehung durftest du auch für Daniels Taufe einen Vers auswählen. Welcher Vers war das, und warum hast du ihn gerade für Daniel ausgewählt?

DIETER HESSE TAUFT DANIEL HOBERG

An diesen Sonntag kann ich mich noch gut erinnern. Damals ließen sich neben Daniel noch fünf weitere Christen taufen. Meine Predigt für die Taufe hielt ich über den Text aus Matthäus 14,22-33 (siehe S. 64), der in unserem späteren Leben eine große Bedeutung erhalten sollte. Wir waren sehr dankbar für diesen Tag, denn Gott schenkte uns Gelingen und sehr positive und schöne äußere Bedingungen an der Biggetalsperre. Für Daniel hatte ich 2. Timotheus 1,7 ausgesucht:

> *Denn Gott hat uns nicht einen Geist der Furchtsamkeit gegeben, sondern der Kraft und der Liebe und der Zucht.*

Es war Daniels Wunsch, zu seiner Taufe seine Eltern und seine Brüder einzuladen. Wir haben uns sehr darüber gefreut, dass sie an diesem Tag dabei waren und von diesem Zeugnis für den Herrn Jesus und von der Gemeinschaft in der Gemeinde sehr berührt waren. Und so war es für uns alle eine große Freude, dass seine Mutter sich ein Jahr später auch taufen ließ und nun Jesus nachfolgt. Aber Daniels Familie war auch der Grund, warum er diesen Schritt, sich öffentlich durch die Taufe zu dem Herrn Jesus zu bekennen und „das Boot loszulassen", nicht schon früher getan hatte: Er wollte seine Familie nicht vor den Kopf stoßen, sondern für Jesus gewinnen. Und so verspürten wir, dass Daniel für diesen Entschluss Mut und Überwindung aufbringen musste. Ich persönlich freute mich, dass Daniel sich von diesem Geist der Kraft und der Liebe und der Besonnenheit leiten lassen wollte.

DANIEL WOLLTE SICH VON DIESEM GEIST DER KRAFT UND DER LIEBE UND DER BESONNENHEIT LEITEN LASSEN.

Wie hast du die Nachricht von Daniels Tod erhalten?

Im März 2014 kam ich in die Klinik Hohe Mark. Ich hatte mit einem Burn-out und mit Depressionen zu kämpfen. In der Klinik hatte ich drei Wochen Kontaktsperre. Karfreitag bis Karsamstag war ich dann zum ersten Mal wieder zu Hause für ein Belastungswochenende. In der darauffolgenden Woche rief mich dann Elke an, um mir zu sagen, dass etwas ganz Schlimmes passiert sei: „Unser Daniel ist tot. Unser Daniel ist vom Blitz getroffen worden." Unsere Kinder waren wie erstarrt.

Bei der Beerdigung konnte ich dabei sein. Die Therapeuten in der Klinik wunderten sich, dass ich nicht in ein totales Loch oder einen Schock gefallen bin. Vielleicht ist gerade das mein Problem, dass es mir schwerfällt, Gefühle zu zeigen. Ich fahre weder aus der Haut, noch zeige ich anderweitig meine Gefühle. Ich mache alles mit mir selbst tief in meinem Innern aus. Dort empfinde ich zwar die Gefühle, lasse sie aber nicht heraus. Wenn es bei anderen Menschen schon mal heißt: „Harte Schale – weicher Kern", so ist das bei mir andersherum: „Weiche Schale – harter Kern." Nach außen hin bin ich angepasst – wie einen Gummiball kann man mich überall hineinquetschen. Aber innerlich verhärtet sich etwas. Ein Ergebnis meines Aufenthaltes in der Hohen Mark war sicherlich, dass mir geholfen wurde, mich selbst zu verstehen. Aber mein über viele Jahre angelerntes Verhalten lässt sich natürlich nicht so leicht verändern.

Wie kommt da Gott bei dir persönlich ins Spiel?

Die Überschrift über meinem Leben lautet: „Gott ist gut und ihm gehört mein Leben" – wie es in einem Lied von Hella Heizmann heißt. Gott hat das Recht, in meinem Leben dieses oder jenes zu tun, und so habe ich eigentlich nicht mit seinen Entscheidungen gehadert. Bezüglich des Blitzes war mir sofort klar: Hier hat Gott gehandelt.

DIE ÜBERSCHRIFT ÜBER MEINEM LEBEN LAUTET: „GOTT IST GUT UND IHM GEHÖRT MEIN LEBEN."

Ich weiß natürlich, dass es auch andere Möglichkeiten gibt, damit umzugehen. Das habe ich bei meiner Frau Elke gesehen. Sie hat mit Gott gehadert und gesagt, dass sie seine Entscheidung nicht versteht. So hat sie ihn gefragt: „Gott, warum tust du das?"

„GOTT, WARUM TUST DU DAS?"

Diese unterschiedlichen Arten, mit Leid umzugehen, haben in mir die Fragen aufgeworfen: Welches Bild habe ich von Gott? Welches Bild zeigt mir die Bibel von Gott?

Elke und du, ihr habt zusammen auch eine lange Zeit des Leidens erlebt. Wie war das für euch?

Ja, Elke hatte 2003 noch zu ihrer Mutter gesagt: „Das Schlimmste, was mir passieren könnte, wäre eine Krankheit, bei der ich eine Chemo bekommen müsste!" Eine Woche später bekam sie die Diagnose Brustkrebs. Es folgten zwei OPs, eine Chemotherapie von September 2003 bis Januar 2004, danach die Bestrahlung und eine Reha. Die Krankheit war zwar augenscheinlich besiegt, dennoch folgten 13 Jahre voller Angst. Elke hat sich immer gefragt, wann die Krankheit wiederkommen würde. Vom Beginn der ersten Erkrankung an war ihr Leben nie wieder angstfrei. Elke sagte: „Gott ist mein Vater. *Bitte keine Chemo!* Aber der Vater macht's trotzdem. Er lässt es zu!" Nach diesen 13 Jahren der Angst kam dann 2017 die Diagnose bösartige Zyste am Eierstock. Die Behandlung fing wieder an: OP, Chemo. Aber diesmal folgte bereits ein Jahr nach der Behandlung eine neue Diagnose. Im Bauch sammelte sich Wasser. Die neue Diagnose hieß Bauchfellkrebs.

„GOTT, KÜMMERT'S DICH NICHT, DASS WIR UMKOMMEN?" Elke hatte selbst das Thema für ihre eigene Beerdigung ausgesucht. Es war die Sturmstillung. Die Frage, die dahintersteckte, war: „Gott, kümmert's dich nicht, dass wir umkommen?"

Wir hatten viele intensive Gespräche. Ich sagte ihr oft den Vers aus 1. Korinther 10,13:

Gott aber ist treu, der nicht zulassen wird, dass ihr über euer Vermögen versucht werdet.

Wir sprachen auch darüber, wie es für mich nach Elkes Tod weitergehen könnte. Elke wünschte mir, wieder eine gute Frau zu finden. Sie spürte, dass ich nicht allein bleiben kann.

Das war eine sehr schwere Zeit für euch und vor allem hinterher für dich. Was möchtest du uns mit auf den Weg geben?

Was mir geholfen hat, war der Gedanke, dass Gott mit meinem Leben noch etwas vorhat, während Elke lernen musste, loszulassen. Unser gesamtes Leben besteht ein Stück weit aus Loslassen. Ich bin zwar ein Beziehungsmensch, aber mein tiefstes Inneres wurde durch mein Vertrauen auf Gott bestimmt. Es war sehr schön, die Liebe zu Elke bis zum letzten Tag zu haben, aber dann kam das Loslassen.

UNSER GESAMTES LEBEN BESTEHT EIN STÜCK WEIT AUS LOSLASSEN.

Die Zeit des Alleinseins war schrecklich. Das Abrutschen in die Depression war eine Gefahr. Aber dann kam diese Zusage Gottes, die ich Elke so oft gesagt hatte, zum Tragen. „Gott mutet uns nur das zu, was wir ertragen können." Gott hatte das Leid beendet, indem er Elke zu sich genommen hatte. Mein Leid kam erst danach durch das Alleinsein zum Vorschein. Ich musste lernen, mich auf einen neuen Menschen einzulassen.

„GOTT MUTET UNS NUR DAS ZU, WAS WIR ERTRAGEN KÖNNEN."

Ich merkte, dass Loslassen bedeutet, Gott umso fester zu fassen.

Dazu ist mir die Geschichte von der Sturmstillung aus dem Matthäusevangelium eine große Hilfe:

ICH MERKTE, DASS LOSLASSEN BEDEUTET, GOTT UMSO FESTER ZU FASSEN.

Und sogleich nötigte er die Jünger, in das Boot zu steigen und ihm an das jenseitige Ufer vorauszufahren, bis er die Volksmengen entlassen habe. Und als er die Volksmengen entlassen hatte, stieg er für sich allein auf den Berg, um zu beten. Als es aber Abend geworden, war er dort allein. Das Boot aber war schon mitten auf dem See und litt Not von den Wellen, denn der Wind war ihnen entgegen. Aber in der vierten Nachtwache kam er zu ihnen, indem er auf dem See einherging. Und als die Jünger ihn auf dem See einhergehen sahen, wurden sie bestürzt und sprachen: Es ist ein Gespenst! Und sie schrien vor Furcht. Sogleich aber redete Jesus zu ihnen und sprach: Seid guten Mutes! Ich bin es. Fürchtet euch nicht! Petrus aber antwortete ihm und sprach: Herr, wenn du es bist, so befiehl mir, auf dem Wasser zu dir zu kommen! Er aber sprach: Komm! Und Petrus stieg aus dem Boot und ging auf dem Wasser und kam auf Jesus zu. Als er aber den starken Wind sah, fürchtete er sich; und als er anfing zu sinken, schrie er und sprach: Herr, rette mich! Sogleich aber streckte Jesus die Hand aus, ergriff ihn und spricht zu ihm: Kleingläubiger, warum zweifeltest du? Und als sie in das Boot gestiegen waren, legte sich der Wind. Die aber in dem Boot waren, warfen sich vor ihm nieder und sprachen: Wahrhaftig, du bist Gottes Sohn!

MATTHÄUS 14,22-33

Wenn Jesus damals auf dem See Genezareth auf die Jünger zuging, dann bedeutet das für heute, dass er auch uns durch solche Situationen unseres Lebens führt. Er ist auf dem Berg, um zu beten – wir stehen mitten in unserem Leben. Bei uns kommt Not auf – Jesus kommt uns zu Hilfe. So ist es auch bei Petrus, als er das Boot loslässt und auf den Wellen auf Jesus zuläuft, aber dann durch das Ansehen des Sturms ins Straucheln gerät: Jesus reicht ihm die Hand und hält ihn fest. Genauso lässt Jesus auch uns nicht untergehen. ER lässt uns nicht los!

BEI UNS KOMMT NOT AUF – JESUS KOMMT UNS ZU HILFE.

In den Liedern „In Christus ist mein ganzer Halt" von Stuart Townend und Keith Getty und „Christus hält mich fest" von Frank und Norma Huck finden Heike, die ihren ersten Mann ebenfalls durch Krankheit verloren hat, und ich Trost und neue Kraft für unser Leben.

Heike ist ein Geschenk, in dem Gottes Liebe zu mir als Zeichen sichtbar wird.

Abschließend möchte ich sagen: Dass Gott Daniel so früh genommen hat, konnte ich aufgrund meines Gottesbildes akzeptieren und annehmen. Gott hat in seiner Weisheit, in seiner Einsicht Daniel auf diese Weise zu sich genommen. Das ist zur Verherrlichung Gottes geschehen! Mir ist es wichtig, Gott immer mehr kennenzulernen, um in solchen Situationen die Orientierung zu finden und den Blick auf IHN gerichtet zu haben.

Vielen Dank, Martin, für deine Gedanken und Erinnerungen, die du mit uns geteilt hast.

HORST AFFLERBACH

Horst Afflerbach (Dr. theol.), Jahrgang 1953, verheiratet, vier Kinder, Dozent und Pastor. Nach seinem Studium an der Staatsunabhängigen Theologischen Hochschule Basel und dem Theologischen Seminar der BEFG sowie der Theologischen Fakultät in Hamburg war er zunächst als Pastor in der EFG Bünde (Westfalen) tätig, ehe er ab 1985 als Dozent für Systematische Theologie und Gemeindepraxis an der Bibelschule Wiedenest unterrichtete. Zwischenzeitlich unterbrach er diese Tätigkeit nochmals für ein Pastorenamt in Gummersbach. Ab 2010 leitete er bis zu seinem Ruhestand 2018 die Biblisch-Theologische Akademie Wiedenest.

VOM BLITZ GETROFFEN – ZUM TOD DES STUDENTEN DANIEL HOBERG

Die Nachricht vom tragischen Tod unseres Studenten Daniel Hoberg traf mich in meinem Büro an der Biblisch-Theologischen Akademie (BTA) in Wiedenest am 25. April 2014 „wie ein Schlag aus heiterem Himmel". Es war der letzte Freitag vor dem neuen Trimester. In drei Tagen, am Montag, würden über hundert Studenten mit vielen Erfahrungen, die sie mit Gott und Menschen gemacht hatten, aus ihren Osterferien wieder anreisen und sich ins neue Trimester stürzen – so vermeintlich auch Daniel.

Im dritten Trimester stehen neben den vielfältigen biblischen und theologischen Inhalten im Unterricht auch Prüfungen und ein praktisches Highlight an – die große Pfingst-Jugend-Konferenz mit ca. 2000 jungen Leuten. Die Studenten nehmen nicht nur an dem Event teil, sondern helfen auch aktiv mit beim Ordnen und Organisieren, beim Sport und bei der Begleitung junger Menschen. Entsprechend groß ist die Vorfreude der meisten Studis auf das letzte Trimester des Jahres.

Daniel hatte am einjährigen Basiskurs der BTA teilgenommen. Er war mir sofort aufgefallen: ein junger Lehrer, hochgewachsen, freundlich; ein junger Mann mit wachen Augen, motiviert, sportlich und engagiert. In der Gemeinschaft der Studenten und auch im Kollegium war er sehr beliebt. Und nun das? Ich konnte es nicht fassen. Aber ich konnte auch nicht nichts tun. Also schrieb ich diese Mail an die Studenten und das Kollegium der BTA sowie die ca. 60 Mitarbeiterinnen und Mitarbeiter vom Forum Wiedenest:

EIN JUNGER MANN MIT WACHEN AUGEN, MOTIVIERT, SPORTLICH UND ENGAGIERT.

Liebe Studierende, liebe Kolleginnen und Kollegen, liebe Geschwister,

soeben erreichte uns die schreckliche Nachricht, dass unser Bruder Daniel Hoberg aus dem Basiskurs gestern, am 24.04.2014, in Attendorn tödlich verunglückt ist. Er war mit einem Freund unterwegs, und sie wurden auf einer freien Wiese von einem heftigen Gewitter überrascht. Dabei wurden er und sein Begleiter vom Blitz getroffen. Daniel verstarb noch an der Unglücksstelle, sein Begleiter wurde schwer verletzt ins Krankenhaus eingeliefert.

Neben dem Schock, den wir alle verarbeiten müssen, bitte ich euch herzlich, für die Angehörigen von Daniel zu beten, dass sie in dieser schweren Situation den realen Beistand von unserem „Vater der Erbarmungen und Gott allen Trostes" (2. Korinther 1,3) erfahren.

Alle weiteren Informationen gebe ich euch am kommenden Montag, wenn der Unterricht beginnt und wir – hoffentlich alle – wieder wohlbehalten in Wiedenest sein werden.

Ich wünsche euch ein gesegnetes Wochenende und ein gutes letztes Trimester in diesem Jahr. Mögen wir dem Herrn in einer tieferen Weise begegnen.

Mit der Losung und dem Lehrtext von heute, 25.04.2014, grüße ich euch:

> *Gott aber wird mein Leben erlösen von der Gewalt des Todes; denn er wird mich aufnehmen.*
>
> **PSALM 49,16**
>
> *Denn wenn wir glauben, dass Jesus gestorben und auferstanden ist, wird auch Gott ebenso die Entschlafenen durch Jesus mit ihm bringen.*
>
> **1. THESSALONICHER 4,14**

An dem darauffolgenden Montag war an regulären Unterricht nicht zu denken. Als Lehr- und Lerngemeinschaft versammelten wir uns im Plenum und nahmen uns die ersten beiden Stunden Zeit, diese unfassbare Nachricht aufzunehmen und zu verarbeiten durch Schweigen, Hören auf Gottes Wort, durch Gebete, Klagen, Dank und Anbetung.

Danach wurden in der Klasse von Daniel weitere persönliche Gespräche geführt. Die Fragen der Klassenkameraden wurden durch eine erfahrene Seelsorgerin und Dozentin zusammen mit dem Klassenlehrer aufgenommen, und den Studenten wurden Anleitungen zum persönlichen Verarbeiten dieses unfassbaren Ereignisses weitergegeben.

Einige Tage später fanden die Trauerfeier und die Beerdigung in Daniels Heimatort Attendorn im Sauerland statt. Die große Anteilnahme mit ca. 500 Trauergästen aus dem Ort erstaunte mich – und gleichzeitig auch wieder nicht. Neben der Familie und Freunden – auch sein mitverunglückter Freund Dieter Hesse im Rollstuhl war dabei – waren viele ehemalige Mitschüler, Studenten, Lehrer und Nachbarn

VIELE LEUTE WAREN GEKOMMEN, UM ABSCHIED ZU NEHMEN VON DIESEM VERHEISSUNGSVOLLEN JUNGEN MANN.

DANIELS GRAB

gekommen, um Abschied zu nehmen von diesem ver-heißungsvollen jungen Mann. Die ganze Klasse von Daniel war auch da.

Ich war gebeten worden, ein Wort anlässlich der Trauer-feier weiterzugeben. Was sagt man in solch einer Situation, in der man am liebsten schweigen würde, weil Worte schnell so formelhaft und ober-flächlich klingen? Außerdem steht über der Situation die Frage wie ein Elefant im Raum: Warum lässt Gott so etwas Schreckliches zu? Man kann über die Theodizeefrage, also warum ein guter und allmächtiger Gott so viel unfassbares Leid zu-lässt, lange streiten und zu dem Ergebnis kommen: Es gibt keinen Gott. Man kann aber auch auf den Gott schauen, der nicht etwa weitab vom Elend dieser Welt über den Wolken thront, sondern der in Jesus Christus leib-haftig in die Dunkelheit dieser Welt gekommen ist. Der sich eingelassen hat auf die Menschen in ihren konkreten Situationen mit ihren Hoffnungslosigkeiten und Ängsten, mit ihren Sorgen und Begrenzungen, mit ihrer Verzweiflung und Schuld. Und der sich ihrer annimmt und ihnen neues Leben schenkt, wenn sie ihm vertrauen.

WARUM LÄSST GOTT SO ETWAS SCHRECKLICHES ZU?

GOTT NIMMT SICH UNSERER AN UND SCHENKT UNS NEUES LEBEN, WENN WIR IHM VERTRAUEN.

Dieser Jesus ist glaubwürdig. Er blieb Gott und seinen Verheißungen treu, selbst als man ihn zum Tod verurteilte und er qualvoll am Kreuz starb.

> *Dass Christus für unsere Sünden gestorben ist nach den Schriften; und dass er begraben wurde und dass er auferweckt worden ist am dritten Tag.*
>
> **1. KORINTHER 15,3-4**

Dies bekennen die vielen Augenzeugen des Neuen Testaments. Durch seine Auferstehung, seine Überwindung des Todes wurden die Worte und Taten Jesu erst in Kraft gesetzt und bestätigt.

> *Jesus Christus spricht: Ich bin die Auferstehung und das Leben; wer an mich glaubt, wird leben, auch wenn er gestorben ist; und jeder, der da lebt und an mich glaubt, wird nicht sterben in Ewigkeit. Glaubst du das?*
>
> **JOHANNES 11,25-26**

Zu dieser Wahrheit bekannte Daniel Hoberg sich bereits in jungen Jahren. In dieser Hoffnung lebte er, dass Jesus rettet von Sünde, Tod und Teufel, dass Christus den Tod überwunden hat und lebt. Und dass er heute als der *„Erste und der Letzte und der Lebendige"* (Offenbarung 1,17-18) wirkt in dieser Welt. Dafür setzte sich Daniel ein. Um in seinem Zeugnis noch fundierter zu werden, bewarb er sich nach seinem Lehramtsstudium noch an der BTA.

DANIEL LEBTE IN DER HOFFNUNG, DASS JESUS RETTET.

Dass sich nach der Trauerfeier einige junge Menschen diesem Jesus Christus, dem Herrn über Leben und Tod, im Glauben zuwandten und andere im Glauben erneuert wurden, ist eine große Gnade und ein unverdientes Geschenk. So ist durch Daniels Tod – trotz allem, was unerklärbar bleibt – noch Frucht entstanden, die er selbst nicht mehr gesehen hat.

HORST AFFLERBACH

DANIEL HOBERG

KARL STRASSER

Karl Strasser, Jahrgang 1959, verheiratet, drei Kinder, pensionierter Gynäkologe in der Helios Klinik Attendorn. Nach seinem Studium in Köln arbeitete Strasser zunächst als Truppenarzt in Kerpen. In Siegen wechselte er dann aus der Krebs- und Strahlentherapie in die Frauenheilkunde und Geburtshilfe und war fortan als Funktionsoberarzt tätig. 1993 begann er als Oberarzt und Leitender Oberarzt in Attendorn und übernahm dort 2010 die Position des Chefarztes. Wie Martin Piepersberg war er Ältester in der CGA Attendorn, lernte hier auch Dieter Hesse kennen und traf sich mit ihm gelegentlich freitagmorgens zum gemeinsamen Gebet.

BEISETZUNG IM WALD- FRIEDHOF ATTENDORN AM 30.04.2014 – BEERDIGUNGSPREDIGT

FÜR DANIEL (30.05.1988 – 24.04.2014)

Das kurze Gewitter vor sechs Tagen hat bei jedem von uns Spuren hinterlassen. Als es laut donnerte, war Daniel bereits tot. Ein tödlicher Blitz hatte ihn getroffen und seinen Begleiter verletzt. Viele Menschen hörten von diesem Ereignis und reagierten betroffen. Es kamen Fragen auf wie: War das nicht vermeidbar? Warum musste das passieren? Könnte das auch mich treffen?

Wir fragen: „Warum?", und kommen zu spekulativen Überlegungen: Was hatten die zwei Männer um 13:30 Uhr auf dem Feld zu suchen? Waren sie leichtsinnig oder gedankenlos? Tatsächlich versuchten sie bereits nach dem zweiten Blitz, eine Deckung aufzusuchen, die sie dann aber nicht mehr erreichten.

> **WIR FRAGEN: „WARUM?", UND KOMMEN ZU SPEKULATIVEN ÜBERLEGUNGEN.**

Die beiden Kripo-Beamten erkundigten sich, ob Daniel größer gewesen wäre und so den Blitz auf sich gezogen hätte. – Nein, er war nicht größer!

Ein Angehöriger meinte, der Überlebende wäre einfach stabiler und kräftiger. Der Unfallchirurg zog als Erklärung die regennasse Hose des Überlebenden heran, gewissermaßen als Blitzableiter. Aber: Waren nicht beide Männer vom Regen gleichermaßen nass?

Die Auswirkungen am Ort des Geschehens zeigen: Die gewaltige Energie hat beide Männer umgeworfen, ihre Hosen zerfetzt, die Schuhe zerbersten lassen und Teile davon im Umkreis von mehreren Metern zerstreut – eine unvorstellbare Energie, tödlich genug für beide, aber der eine bleibt lebendig, der andere stirbt.

DER EINE BLEIBT LEBENDIG, DER ANDERE STIRBT.

Warum Daniel? Die Formulierung „zur falschen Zeit am falschen Ort" greift hier nicht. War es schicksalhaft, unvermeidlich? Warum der Jüngere, Gesündere?

Warum dieser Sarg?

Warum nicht zwei Särge?

WARUM NICHT EIN GANZ ANDERER SARG, VIELLEICHT MEINER ODER DEINER?

Oder ein ganz anderer Sarg, vielleicht meiner oder deiner? Daniel scheint uns gerade der Falsche zu sein.

Daniel wurde am 30. Mai 1988 geboren, besuchte die Schule in Attendorn und schloss mit Abitur ab. An der Siegener Uni studierte er Physik und Mathematik auf Lehramt. Sein Referendariat war bereits beendet.

Daniel ging seinen Weg konzentriert und zielstrebig – aber nicht mit Ellenbogen, nicht auf Kosten anderer. Daniel war ein Teamplayer, im Leben und besonders in seinem Hobby: Fußball, seiner großen Leidenschaft. Er liebte Gemeinschaft, war zugewandt und ein solcher Sonnenschein

GRABSTEIN VON DANIEL HOBERG

für seine Mitmenschen und seine Familie. Dazu war er fleißig und sorgte durch Jobs wie Nachhilfe oder Schiedsrichtertätigkeit mit für seinen Lebensunterhalt.

DANIEL LIEBTE GE-MEINSCHAFT, WAR ZUGEWANDT UND EIN SOLCHER SONNEN-SCHEIN FÜR SEINE MITMENSCHEN UND SEINE FAMILIE.

Nun durfte Daniel seine Lehrtätigkeit am Rivius-Gymnasium nicht aufnehmen, konnte also den Beruf, auf den er so zielstrebig zugegangen war, nicht ausüben. Wir fragen: Warum?

Je mehr ich von Daniel sehe, umso mehr bekomme ich einen Einblick in das Unfassbare.

Wir suchten einen passenden Text zur Traueranzeige. Daniel gab ihn uns vor mit einem Bibeltext, den er auf seinem Schreibtisch stehen hatte:

Gott nahe zu sein ist mein Glück.

PSALM 73,28

Dieser Lieblingsvers auf seinem Schreibtisch zeigt: Fußball war seine große Leidenschaft, aber wahres Glück fand er nur bei Gott.

Im Alter von 17 Jahren führte ihn seine Suche nach Gott in die Christliche Gemeinde Attendorn. Er hatte den Wunsch, Gott nahe zu sein. Er fand in dieser Gemeinde keinen großen Kreis junger Leute, keine besondere Action oder mitreißende musikalische Events. Aber er fand Gott und war treu und zielstrebig dabei. Aus dem Suchenden wurde ein Mitarbeiter. Daniel beteiligte sich als Leiter der Kindergruppe, im Jugendkreis und leitete später auch Erwachsenen-

DANIEL FAND GOTT UND WAR TREU UND ZIEL-STREBIG DABEI. AUS DEM SUCHENDEN WURDE EIN MITARBEITER.

kreise. Für seine Mutter wurde er ein Wegweiser zu Jesus.

Daniel suchte Gott, wir suchten einen Vers für die Traueranzeige – und auch ein Freund Daniels war auf der Suche: Am Samstag, zwei Tage nach dem Blitz, suchte er die Eintrittskarte für das Fußballspiel, die Daniel besorgt hatte. Seine Mutter konnte beim Aufräumen eine wertvolle Entdeckung machen: Daniels Testament.

Den Text hatte Daniel 2009 niedergeschrieben. Es passte zu seiner Art, dass er das schon so früh getan hatte. Im Testament geht es weniger um den Umgang mit seinem Hab und Gut, sondern vielmehr um den Umgang mit seiner Familie und seinen ungläubigen Freunden. Er ruft gute Freunde dazu auf, sich nach seinem Tod um die Menschen zu kümmern, die ihm besonders am Herzen lagen. Was Daniel nicht wusste, war, dass diese Situation viel schneller eintreten würde, als wir alle dachten. Daniel führte in seinem Leben Menschen zusammen und fordert uns heraus, dies nach seinem Tod weiterzuführen. Ferner hinterlässt er Gedanken bezüglich seiner Bestattung.

Gott nahe zu sein ist mein Glück.

Lassen Sie mich zusammenfassen:

- Ein Mensch, der naturwissenschaftlich denkt, ein Lehrer für Mathe und Physik, **sucht Gott.**
- Ein freundlicher, beliebter Sonnenschein **sucht den Erlöser.** Er merkt, dass er die Dinge, die er in seinem Leben falsch gemacht hat, nicht selbst in Ordnung bringen kann. Jesus Christus muss für ihn eintreten.
- Zur Überbrückung der Zeit zwischen dem Referendariat und der Festanstellung besucht er eine Bibelschule. **Er hört von Gott,** den er jetzt sieht!
- Sein Testament zeigt: **Er rechnet mit Gott** und dem Leben nach dem Tod, **dem Himmel!**
- Er ist zielstrebig durch sein Leben gegangen – genauso zielstrebig ist er **von Gott zu sich geholt worden.** Ein gezielter Zugriff Gottes auf einen Mann, der mehr darauf vorbereitet war als die meisten von uns. Der Blitz war nicht Ausdruck *einer höheren* Gewalt, sondern *der höchsten* Gewalt!

Auch wenn wir gerade einen kleinen Teil des Warums entschlüsselt haben – der Abschiedsschmerz bleibt. Vielleicht auch der fragende Wunsch: Gibt es ein Wiedersehen?

Dazu darf ich Ihnen sagen: Das liegt an Ihnen!

> *Jesus Christus spricht: Ich bin die Auferstehung und das Leben; wer an mich glaubt, wird leben, auch wenn er gestorben ist … Glaubst du das?*
>
> **JOHANNES 11,25-26**

Wir haben diese Einladung von Jesus – wollen Sie die annehmen? Möchten Sie Gott und Daniel ganz nahe sein?

Gott nahe zu sein ist mein Glück.

GYNÄKOLOGE KARL STRASSER UND OBERÄRZTIN HANNA KIM
Hanna und Daniel hatten zusammen eine Jugendfreizeit organisiert.
Heute ist Hanna Missionarin in der Mongolei.

Zum Schluss die Frage: Wer von den beiden Männern, die vom Blitz getroffen wurden, hat nun Glück gehabt? Diese Frage beantwortete der Überlebende – er wurde seiner Frau und seinen drei Kindern neu geschenkt – mit den Worten: „BEIDE hatten Glück!"

Es scheint so, als wäre Daniels Lebensspiel viel zu früh, nämlich schon in der ersten Halbzeit, abgepfiffen worden. Dennoch hat er

WIR HABEN DIESE EINLADUNG VON JESUS – WOLLEN SIE DIE ANNEHMEN?

viel bewegt, das beweist auch die überwältigende Anteilnahme hier. Und er geht als glücklicher Sieger vom Platz:

Gott nahe zu sein ist mein Glück.

KARL STRASSER

HARTMUT JAEGER

Hartmut Jaeger, Jahrgang 1958, seit 1981 verheiratet mit Annette, drei erwachsene Töchter, ausgebildeter Lehrer. Seit 1986 ist er bei der Christlichen Verlagsgesellschaft Dillenburg beschäftigt und seit 2000 Geschäftsführer. Zugleich ist er seit 1979 als Referent für Glaubensfragen in Deutschland unterwegs. Er regte Dieter an, aus seinem Zeugnis ein Buch zu machen, und ist Mitherausgeber dieses Buches.

10

„WARUM MACHT GOTT SO WAS?"

…, fragte ein kleiner Junge anlässlich der Beerdigung von Daniel Hoberg. „Warum ist der jüngere Mann gestorben und der ältere hat überlebt?" Wie kann das sein, dass zwei Männer auf einem Gebetsspaziergang vom Blitz getroffen werden? Unvorstellbar und doch wahr.

Solche schrecklichen Ereignisse werfen die rätselhaftesten aller Fragen unseres Menschseins auf: Warum muss der Mensch leiden? Wie kann ein liebender und allmächtiger Gott so viel Leid zulassen?

WARUM MUSS DER MENSCH LEIDEN? WIE KANN EIN LIEBENDER UND ALLMÄCHTIGER GOTT SO VIEL LEID ZULASSEN?

Ich sage gleich vorab: Ich habe nicht die Antwort! Bis heute bleiben auch für mich als Christ viele Fragen offen. Nur ein Beispiel von vielen:

Etwa zwei Jahre vor dem Blitzeinschlag auf der Wiese bei Attendorn musste ich mit ansehen, wie mein Schwager bei einer Wanderung am Nebelhorn bei Oberstdorf ca. 60 Meter in die Tiefe stürzte.[3] Ich frage mich bis heute: Warum? Es war so ein schöner Tag. Du dankst Gott für die Schöpfung. Du staunst über die herrliche Bergwelt – und an demselben Abend stehst du in der Leichenhalle und nimmst Abschied von einem geliebten Menschen.

---

3 Dieses Ereignis und ihr Leben danach beschreibt Susanne von Pentz-Jaeger selbst in: *Plötzlich ist er nicht mehr da.* Dillenburg: Christliche Verlagsgesellschaft 2019 (siehe auch Buchempfehlungen am Ende).

TÖDLICHER BERGUNFALL

von Redaktion Rettungsdienst
6. JULI 2012

Oberstdorf (pol) – Gestern verunglückte ein 64-Jähriger aus dem hessischen Main-Taunus-Kreis bei einer Bergtour im Bereich Oberstdorf. Der Mann stürzte 60 Meter über eine Felswand ab.

Die Ausflugsgruppe, darunter der 64-Jährige, seine Ehefrau und sein Schwager, wollte von der Nebelhorn-Seilbahnstation Höfatsblick zum Gaisalpsee und von dort wieder über das Niedereck zurück zur Station Seealpsee wandern. Auf Höhe des oberen Gaisalpsees äußerte der 64-Jährige, dass er aufgrund von Erschöpfung und Knie-problemen lieber direkt über die Gaisalpe ins Tal wandern möchte. Die nächsten Abstiegsmeter wurde er bei größeren

Schritten immer wieder von seinem Schwager unterstützt. An einer flachen Stelle kam der 64-jährige jedoch ins Straucheln, stürzte über eine nahezu senkrechte Felswand ca. 60 Höhenmeter ab und kam in einem Geröllfeld zum Liegen.

Der Notarzt des sofort verständigten Rettungshubschraubers Christoph 17 konnte nur noch den Tod des Verunfallten feststellen. Die Bergung des Toten fand durch einen Polizeihubschrauber mit Seilwinde statt. Zur Betreuung der Ehefrau und des Schwagers wurde das Kriseninterventionsteam der Bergwacht hinzugezogen. Die Sachbearbeitung hat die Alpine Einsatzgruppe der Polizei übernommen. Außerdem war die Bergwacht Oberstdorf mit mehreren Kräften am Einsatz beteiligt.

https://www.rettungsdienst.de/news/todlicher-bergunfall-2-30454
entnommen 03.11.2023

Nun, ich versuche mit diesem Beitrag, einige Denkanstöße zum Thema Leid zu geben. Ich hoffe, dass sie dir dabei helfen, im Elend nicht zu verzweifeln, sondern das zu tun, was David in Psalm 55, Vers 23 empfiehlt:

> *Wirf auf den HERRN deine Last, und er wird dich erhalten.*

Um im Ansatz Antworten auf diese Fragen zu finden, sollten wir zunächst einmal darüber nachdenken, welches Gottesbild wir eigentlich haben.

Oft wird folgendermaßen kombiniert: Wir erleben Krankheit und Tod. Wir sehen die zerstörte Schöpfung. Wir wissen ganz genau, dass vieles chaotisch läuft. Aus solchen Beobachtungen in dieser Welt ziehen wir dann Rückschlüsse auf das Wesen eines unsichtbaren Gottes und sagen: „Wenn Gott Liebe ist, kann er doch unmöglich zulassen, dass Menschen leiden!"

Wir beobachten also Leid in dieser Welt und ziehen daraufhin den Schluss, diese Beobachtung sei nicht in Übereinstimmung zu bringen mit dem Wesen der Liebe Gottes. Doch stellt dies eine Reduzierung Gottes auf seine Eigenschaft der Liebe dar und lässt viele andere seiner Eigenschaften unberücksichtigt, weswegen ich der Frage nachgehen möchte: Welche Informationen über Gott sind für die Beantwortung der Leidfrage (noch) relevant?[4]

DIE AUSSAGE „EIN LIEBENDER GOTT LÄSST LEID NICHT ZU" REDUZIERT GOTT AUF SEINE EIGENSCHAFT DER LIEBE.

---

4   Noch ausführlicher und auf sein eigenes Leben bezogen behandelt Hartmut Jaeger diese Frage in seinem Buch *Warum das alles?* Dillenburg: Christliche Verlagsgesellschaft 2018 (siehe auch Buchempfehlungen am Ende).

1. GOTT HAT DAS BÖSE NICHT GEWOLLT

Wir können das Leid dieser Welt nur erklären, wenn wir wissen, wie alles angefangen hat. Deshalb ist es so wichtig, dass wir das „Buch der Anfänge" zu Rate ziehen. Aus dem ersten Buch der Bibel (1. Mose, Kapitel 3) erfahren wir, dass es dem Menschen im Paradies gut ging. Damit dies so blieb, bekamen Adam und Eva als die ersten Menschen die Anweisung, von einem bestimmten Baum im Paradies nicht zu essen. Gott nannte ihnen auch die Konsequenzen, die folgen würden, sobald sie sich über dieses Gebot hinwegsetzten. Trotzdem entschied sich der Mensch gegen Gottes Gebot und brachte damit alles durcheinander. Das Vertrauensverhältnis zwischen Gott und seinen Geschöpfen ist seitdem gestört.

DER MENSCH ENTSCHIED SICH GEGEN GOTTES GEBOT UND BRACHTE DAMIT ALLES DURCHEINANDER.

Gott hat uns als moralische Wesen geschaffen. Wir sind imstande, richtige und falsche Entscheidungen zu treffen. Wir sind Persönlichkeiten, die verantwortungsbewusst denken und handeln können. Diese Fähigkeit unterscheidet uns von den Tieren. Tiere handeln nach Instinkt, Menschen – hoffentlich – mit Verstand.

Bevor der Mensch damals die falsche Entscheidung traf, erlebte er in jeder Beziehung vollkommene Harmonie. Doch seither macht sich statt Vertrauen Misstrauen breit.

DER MENSCH HAT DEN EIGENTLICHEN AUFTRAG, DIE SCHÖPFUNG ZU BEWAHREN, ZU EINER EGOISTISCHEN AUSBEUTUNG PERVERTIERT.

Das hat einerseits Auswirkungen auf das Verhältnis der Menschen untereinander, andererseits aber auch auf das zwischen Mensch und Natur. Denn seit dem Sündenfall bedroht der Mensch die Natur. Er hat seinen eigentlichen Auftrag, die Schöpfung zu bewahren, zu einer egoistischen Ausbeutung pervertiert.

Seit dem Sündenfall bedroht aber auch die Natur den Menschen, zum Beispiel durch Naturkatastrophen wie einen tödlichen Blitzeinschlag. Der Schöpfungszustand, der solches nicht vorgesehen hat, ist durcheinandergeraten. Durch den Aufstand des Menschen gegen Gott kam die Sünde, und damit der Tod, in die Welt.

> *Denn der Lohn der Sünde ist der Tod, die Gnadengabe Gottes aber ewiges Leben in Christus Jesus, unserem Herrn.*
> RÖMER 6,23

Seitdem ist bei uns buchstäblich der Tod im Topf.

Somit hat in erster Linie *der Verlust der harmonischen Gottesbeziehung* zu all dem Leid auf dieser Welt geführt. Die ganze Schöpfung seufzt unter der Sünde.

> *Denn das sehnsüchtige Harren der Schöpfung wartet auf die Offenbarung der Söhne Gottes.*
> *Denn wir wissen, dass die ganze Schöpfung zusammen seufzt und zusammen in Geburtswehen liegt bis jetzt.*
> RÖMER 8,19.22

2. GOTT IST LIEBE

Ja, du hast richtig gelesen: Wir finden eine Antwort auf die Leidfrage im Wesen der Liebe. Zum Wesen der Liebe gehört, dass sie die Entscheidung des Gegenübers respektiert. Als ich 1979 meine Frau fragte, ob sie mich heiraten wolle, ging ich das Risiko ein, dass sie „Nein" sagen könnte. Das

Werben um Liebe schließt immer das Risiko mit ein, dass mein Gegenüber sich gegen mich entscheidet.

Als Gott den Menschen schuf, befähigte er ihn, beziehungsorientiert zu leben. Das zeichnet uns als kontaktfähige Persönlichkeiten aus. Gott sucht Gemeinschaft mit uns. Aber er wünscht sich in seiner Gegenwart Menschen, die ihn *freiwillig* lieben. Er zwingt niemanden zu seinem Glück. Denn Gegenliebe bekommt man nur auf freiwilliger Basis.

GOTT WÜNSCHT SICH IN SEINER GEGENWART MENSCHEN, DIE IHN *FREIWILLIG* LIEBEN.

Deshalb also lässt Gott zu, dass seine Schöpfung zerstört wird: weil er uns bedingungslos liebt!

Zugleich hat Gott uns aber nie mit unserer Not alleingelassen. Gott liefert uns niemals unserem Elend aus. Ihm war und ist es nicht egal, wenn seine Geschöpfe in die falsche Richtung laufen. Er bemüht sich stets liebevoll darum, sie in seine Gemeinschaft zurückzurufen. Gott wirbt um unsere Liebe. Und bis heute geht er das Risiko ein, dass Menschen „Nein" sagen und nichts mit ihm zu tun haben wollen. Gott liebt den Menschen.

GOTT LÄSST UNS MIT UNSERER NOT NIE ALLEIN.

Und noch mehr: Gott setzt seiner Liebe selbst die Krone auf, indem er seinen eigenen Sohn für uns Menschen sterben lässt:

> *Denn so hat Gott die Welt geliebt, dass er seinen einzigen Sohn gab, damit jeder, der an ihn glaubt, nicht verloren geht, sondern ewiges Leben hat.*
>
> **JOHANNES 3,16**

Das Kreuz ist auch in der Leidfrage der große Trumpf in Gottes Hand. Am Kreuz sehen wir den leidenden Gott.

AM KREUZ SEHEN WIR DEN LEIDENDEN GOTT. Deshalb fragt hier der Sohn Gottes selbst:

> *Mein Gott, mein Gott, warum hast du mich verlassen?*
>
> **MARKUS 15,34**

Am Kreuz gibt Gott seine Antwort auf die Leidfrage. Er selbst leidet für uns Menschen und bahnt uns damit den Weg zurück in die Gemeinschaft mit ihm. Das ist für jeden Menschen eine gewaltige Chance.

Dieser Zusammenhang beinhaltet zudem eine tiefe seelsorgerliche Dimension. „Nur ein Gott, der leidet, kann den Ausweg aus dem Leid zeigen und wirklich trösten", so hat es Dietrich Bonhoeffer einmal sinngemäß ausgedrückt. Aber wir fragen uns: Wie reagiert Gott im Einzelfall? Welche Hilfe erfahren wir bei einem tödlichen Unfall durch einen Blitzeinschlag?

GOTT SELBST LEIDET FÜR UNS MENSCHEN UND BAHNT UNS DAMIT DEN WEG ZURÜCK IN DIE GEMEINSCHAFT MIT IHM.

Wir lesen in Johannes 9,1-3:

> *Und als er vorüberging, sah er einen Menschen, blind von Geburt. Und seine Jünger fragten ihn und sagten: Rabbi, wer hat gesündigt, dieser oder seine Eltern, dass er blind geboren wurde?*
>
> *Jesus antwortete: Weder dieser hat gesündigt noch seine Eltern, sondern damit die Werke Gottes an ihm offenbart werden.*

Jesus ging damals nicht achtlos an Notleidenden vorüber, sondern half ihnen. Das Leid dieser Welt lässt Gottes Herz nicht kalt. Jesus ist ein Gott, der weinen kann (vgl.

Johannes 11,35). Darin unterscheidet er sich von allen Göttern dieser Welt.

JESUS IST EIN GOTT, DER WEINEN KANN.

Klaus Rösler (ehemaliger Journalist bei der Nachrichtenagentur idea, Wetzlar) berichtete über seine Tochter Marie, die jahrelang im Wachkoma lag. Auf die Frage „Wie haltet ihr das nur aus?" schrieb er:

> *Wir müssen es aushalten. Leid gehört zum Leben. Christen bilden da keine Ausnahme … Und bei alledem erlebe ich: Die Kraft reicht. Was viele Nicht-Betroffene nicht verstehen: Das Gottesbild ändert sich. Gott ist weniger der machtvolle Weltenlenker, sondern der, der Geborgenheit gibt, weil er selbst Leid erlebt hat.*

GOTT IST DER, DER GEBORGENHEIT GIBT, WEIL ER SELBST LEID ERLEBT HAT.

Davon ausgehend komme ich zum nächsten Punkt:

3. UNSER GOTT IST EIN MITFÜHLENDER GOTT

Weil mein Herr Jesus Christus selbst hier gelebt hat und weinen konnte und dadurch mit mir in meinen Nöten mitfühlt, will ich gern meine Anliegen und Sorgen im Gebet zu ihm bringen. Deshalb praktiziere ich, was Paulus im Brief an die Philipper empfiehlt:

> *Seid um nichts besorgt, sondern in allem sollen durch Gebet und Flehen mit Danksagung eure Anliegen vor Gott kundwerden; und der Friede Gottes, der allen Verstand übersteigt, wird eure Herzen und eure Gedanken bewahren in Christus Jesus.*
>
> PHILIPPER 4,6-7

Diesen Tipp schreibt Paulus nicht etwa von einer karibischen Urlaubsinsel aus – sondern aus einem römischen Gefängnis.

Ich will mich im Leid nicht einigeln, sondern auf andere zugehen; ich will nicht stumm resignieren, sondern meine Not herausschreien.

Es tut bereits gut, wenn wir *Menschen* uns untereinander alles sagen können. Wie viel mehr ist das der Fall bei einem *liebenden Vater im Himmel,* dem man alles sagen darf?

Paulus macht allerdings auch deutlich: Bewahre dir immer eine dankbare Grundhaltung Gott gegenüber – *„mit Danksagung"!* Bei allem Hadern mit Gott dürfen wir immer auch Gründe für Dankbarkeit suchen. Und wir werden sie finden.

Joni Eareckson Tada zog sich am 30. Juli 1967 mit 17 Jahren bei einem Badeunfall in der Chesapeake Bay einen Halswirbelbruch zwischen dem vierten und fünften Halswirbel zu. Seit diesem Tag ist sie ohne Aussicht auf Heilung querschnittgelähmt. Dank intensivstem Training kann sie mittlerweile ihre Arme bis zu einem gewissen Grad heben und senken, jedoch nicht die Finger und Handgelenke bewegen. Sie schreibt: „Nur Christen können Leid mit Dank akzeptieren. Sie tun das in dem Bewusstsein, dass sie etwas aus der Hand Gottes empfangen, was nicht nur zu Seiner Ehre, sondern auch zu ihrem eigenen Guten ist."[5]

NUR CHRISTEN KÖNNEN LEID MIT DANK AKZEPTIEREN.

Als meine Schwester und ich damals, am Abend des 5. Juli 2012, in der Leichenhalle in Oberstdorf Abschied von meinem abgestürzten Schwager nahmen, bevor er in seinen Heimatort

---

5 Richard Mayhue: *Dein Glaube hat dich geheilt.* Bielefeld: CLV 2000; S. 192.

JONI EARECKSON TADA

überführt wurde, sagte der diensthabende Arzt zu mir: „Ihr Schwager hatte mindestens fünf Frakturen und den gesamten Schädel hinten offen." Da wurden wir dankbar. Denn er hätte in diesem Zustand auch im Koma liegen können, wie der holländische Kronprinz zu dieser Zeit. Vielleicht über Jahre. Aber nun ist er am Ziel. Ihm geht es so gut wie nie zuvor. Er sieht seinen Heiland Jesus Christus. Für ihn sind alle Fragen geklärt. Für uns bleiben manche offen. Aber trotz allem Schmerz wollen wir unserem Gott danken, dass er noch Schlimmeres verhindert hat.

> **TROTZ ALLEM SCHMERZ WOLLEN WIR UNSEREM GOTT DANKEN, DASS ER NOCH SCHLIMMERES VERHINDERT HAT.**

Wenn wir zu Gott kommen und unseren ganzen Frust herausschreien, uns dabei aber gleichzeitig eine dankbare Grundhaltung bewahren, werden wir erleben, was Paulus als Folge dessen ankündigt: *„Und der Friede Gottes … wird* *eure Gedanken bewahren"* – jener Friede, den Jesus z. B. ausstrahlte, als er für die Menschen betete, die unter seinem Kreuz standen. Dieser Friede Gottes wird unsere Gedanken prägen! Und das ist wichtig. Denn der Umgang mit Leid ist auch Kopfsache. Wie schnell kreisen wir gedanklich um unsere eigene Situation. Das zieht uns runter. Nein – Jesus Christus will uns auch in der Not innere Ruhe und seinen Frieden schenken.

DER UMGANG MIT LEID IST AUCH KOPFSACHE.

Ich kann rückblickend nur sagen: Es funktioniert! Es ist tatsächlich möglich, in großem Leid, in äußeren Schmerzen einen tiefen inneren Frieden zu erleben. Die Gemeinschaft mit Gott macht es möglich. Wir haben einen mitfühlenden Gott!

WIR HABEN EINEN MITFÜHLENDEN GOTT!

Zum biblischen Gottesbild gehört darüber hinaus noch eine weitere Tatsache: Gottes Souveränität.

4. GOTT IST IN SEINEM HANDELN SOUVERÄN

Kein Mensch kann Gott Vorschriften machen. Manche haben die Vorstellung, sie könnten Gott auf die Anklagebank setzen. Das geht so nicht. Es ist eher umgekehrt: Wir können gar nicht groß genug von Gott denken. Die Tatsache, dass Gott Gott ist, schließt schlechthin aus, dass wir ihn in seinem Handeln immer verstehen können. Der Schöpfer ist größer als sein Geschöpf. Ole Hallesby hat einmal gesagt:

WIR KÖNNEN GAR NICHT GROSS GENUG VON GOTT DENKEN.

Je länger ich lebe, umso mehr danke ich Gott, dass ich ihn nie ganz verstehen kann. Denn wenn er nicht größer wäre als mein Begriffsvermögen, dann wäre er gewiss nicht in der Lage, diese Welt zu regieren, noch viel weniger, sie zu erretten.[6]

So kommen wir auch bei der Beantwortung der Leidfrage an unsere Grenzen. Das liegt in der Natur der Sache.

Faszinierend ist die Antwort Jesu auf das Leid des Blindgeborenen:

> *Weder dieser hat gesündigt noch seine Eltern, sondern damit die Werke Gottes an ihm offenbart werden.*
>
> **JOHANNES 9,3**

Die Frage der Jünger (Vers 2, siehe Seite 90), auf die Jesus eingeht, zeigt, dass viele meinen, Krankheit und Tod seien Strafen für persönliches Fehlverhalten. *Hier muss Sünde vorliegen, entweder bei dem Kranken oder bei seinen Eltern,* so dachten damals die Jünger Jesu. Leider gibt es auch heute noch christliche Bewegungen, die meinen: *Wenn man wirklich glaubt, darf man nicht krank sein.*

Wie viel seelische Not durchleben Menschen, die überzeugt sind, Gott würde sie mit Krankheit strafen! Jesus Christus macht mit seiner Antwort jedoch deutlich, dass Gott andere Ziele hat. Dabei will Jesus nicht sagen, dass der Mann oder seine Eltern sündlos wären; aber er macht unmissverständlich klar, dass die Krankheit nicht auf eine bestimmte Sünde zurückzuführen ist.

Stattdessen sagt Jesus, dass Gott etwas mit diesem Mann plant. Die Werke Gottes sollen an ihm sichtbar werden.

---

6 Hansjörg Kopp (Hg.): *Bibel für heute 2023. Kommentare – Anregungen – Fragen – Impulse.* Gießen: Brunnen 2022; S. 31.

Das gab dem Mann eine neue Perspektive. Wie wird er aufgehorcht haben, als er das plötzlich hörte!

Jesus macht deutlich: Dieser Mann ist kein Taugenichts, kein Schmarotzer der Gesellschaft. Er ist kein nutzloser Krüppel. Hier erfahren wir etwas über göttliche Ethik.

Im Gegensatz dazu dominieren in unserer Gesellschaft die Überlegungen, wie Leben beseitigt werden kann, falls es für andere zu einer angeblich untragbaren Last wird. Dabei werden Methoden wie z. B. Abtreibung oder Euthanasie angewandt. In einer gottlosen und vom Egoismus bestimmten Gesellschaft bleiben meist die auf der Strecke, die das Bruttosozialprodukt nicht steigern können, sondern es nur belasten. Wo handelt man noch nach der Präambel unseres Grundgesetzes, „im Bewusstsein seiner Verantwortung vor Gott und den Menschen"[7]? In den Augen Gottes ist jeder Mensch wertvoll.

IN DEN AUGEN GOTTES IST JEDER MENSCH WERTVOLL.

Das Geheimnis eines glücklichen und zufriedenen Lebens liegt in dem Bewusstsein, dass Gott mir das Leben geschenkt hat und dass ich dazu da bin, ihn zu ehren. Diese Aufgabe kann ich nur dann erfüllen, wenn mein Verhältnis zu Gott in Ordnung ist. Sie gibt meinem Leben einen Sinn, der unabhängig von äußeren Umständen ist.

Ausgerechnet der blinde Bettler also soll ein Zeugnis für Gottes Herrlichkeit und Macht sein. Das Leben dieses Mannes soll dem höchsten Zweck dienen, den überhaupt ein Menschenleben im ganzen Universum erfüllen kann: Durch sein machtvolles Handeln an diesem Menschen offenbart sich der souveräne Gott.

---

7   https://www.bundestag.de/parlament/aufgaben/rechtsgrundlagen/
     grundgesetz/gg_00-245200; abgerufen am 17.10.2023.

Vielleicht denken wir jetzt an so manchen hilflosen Menschen in unserer näheren Umgebung, der buchstäblich dahinvegetiert – an einen Menschen, der nur anderen Mühe und Arbeit verursacht. Auch ein solches Leben hat einen heiligen und unantastbaren Sinn.

Zumindest kann es uns, die wir vielleicht gesund sind, dazu bringen, dass wir wieder neu dankbar werden. Es kann uns aber auch dazu verhelfen, dass wir uns in der eigenen Notsituation einen Blick schenken lassen für die Not anderer, die noch größer als unsere eigene ist. Wer dankbar auf bessere Tage zurückschaut und in seiner eigenen Not die Not anderer nicht vergisst, der denkt vielleicht auch einmal über diese Frage nach: Wie konnte Gott bisher das Gute in meinem Leben zulassen? Wir tun gut daran, nichts für selbstverständlich zu nehmen, sondern Gott als dem Geber aller Gaben täglich zu danken. Wer in guten Tagen gelernt hat, in Gottes Gegenwart zu leben und alles dankbar aus seiner Hand zu nehmen, hat es in schlechten Tagen leichter.

WER IN GUTEN TAGEN GELERNT HAT, IN GOTTES GEGENWART ZU LEBEN UND ALLES DANKBAR AUS SEINER HAND ZU NEHMEN, HAT ES IN SCHLECHTEN TAGEN LEICHTER.

5. GOTT HAT MIT JEDEM MENSCHEN EINEN WUNDERBAREN PLAN

Ich denke zum Vergleich an einen gewebten Teppich: Von unten sieht alles verworren und unordentlich aus, von oben sehen wir ein wunderbares Muster.

Hier können wir von dem großen französischen Mathematiker Blaise Pascal lernen, der im Alter von 39 Jahren an einer unheilbaren Krankheit starb:

Herr, ich weiß, dass ich nur eines weiß: es ist mir gut, dir zu folgen, und es ist mir schädlich, dich zu beleidigen. Ich weiß nicht, was mir nützlicher ist, Gesundheit oder Krankheit, Reichtum oder Armut, und ebenso ist es bei allen Dingen der Welt. Diese Entscheidung übersteigt die Kraft der Menschen und Engel. Was mir nützlich ist oder schädlich, bleibt mir verborgen; es ist dein Geheimnis. Ich will es nicht ergründen. Ich will nur anbeten.[8]

BLAISE PASCAL

Ob krank oder gesund, ob in miesen Umständen oder die Annehmlichkeiten des Lebens genießend – Gott will uns gebrauchen. Dieses Bewusstsein, dass ich mich als „kleiner" Mensch für den „großen" Gott nützlich machen kann, lässt mich meine Lebensumstände ganz anders beurteilen.

„ICH WILL GOTTES GEHEIMNIS NICHT ERGRÜNDEN. ICH WILL NUR ANBETEN."

---

8   https://www.evangeliums.net/zitate/blaise_pascal.htm;
    abgerufen am 16.10.2023.

1984 bis 1986 – in dieser Zeit verbrachte ich mehr als 60 Tage im Krankenhaus. Ich war in vielerlei Hinsicht eingeschränkt. Niemand wusste, wie mein Leben weitergehen sollte. Aber auch in dieser Phase habe ich erlebt, dass mein Leben einen Sinn hat. Jeder Krankenhausaufenthalt war auch eine besondere Gelegenheit, meinem Gott zu dienen. So konnte ich vielen die beste Botschaft der Welt weitersagen: Gott hat dich lieb. Er will nicht, dass du verloren bleibst, sondern dass du dich erretten lässt. Dazu hat er seinen Sohn Jesus Christus den Lohn der Sünde, den Tod, am Kreuz bezahlen lassen. Aber Jesus ist nicht im Tod geblieben. Er ist auferstanden und lebt!

Der Blitzeinschlag mit seinen tödlichen Folgen zeigt uns neu, wie zerbrechlich das Leben ist. Wir haben es nicht in der Hand. Deshalb betet Mose in Psalm 90, Vers 12 zu Gott:

> *So lehre uns denn zählen unsere Tage, damit wir ein weises Herz erlangen!*

Ich erinnere mich an eine ARD-Themenwoche mit dem Titel „Leben mit dem Tod". Hier ging es um Fragen wie: Wie wollen wir sterben? Wie gehen wir mit dem Tod um? Und was bleibt, wenn wir gehen? Die Intendantin Karola Wille schrieb dazu: „Indem wir in Fernsehen, Hörfunk und online ein sensibles Thema behandeln, wollen wir Lebenshilfe vermitteln und die Diskussion über den Umgang mit dem Tod in der Gesellschaft befördern."[9]

Die Beiträge der Themenwoche warum so unterschiedlich wie wir Menschen. Doch eines wird immer wieder deutlich:

---

9   https://www.presseportal.de/pm/29876/2157257;
    abgerufen am 16.10.2023.

Da niemand dem Tod ausweichen kann, soll zumindest die letzte Wegstrecke angenehm gestaltet werden.

Die ARD hatte für diese Sendereihe drei Paten organisiert: Margot Käßmann, Reinhold Beckmann und den Kabarettisten Dieter Nuhr. Letzterer sagte: „Es hat ja keinen Sinn, sein Leben trauernd zu verbringen, weil es irgendwann ein Ende haben wird. Ich will den Tod auslachen, vielleicht ist er dann beleidigt und kommt nicht wieder."[10]

Nun ist es jedem selbst überlassen, wie er mit dem Tod umgeht. Aber ich für mich will nicht oberflächlich leben. Der Tod ist der größte Feind des Lebens (vgl. 1. Korinther 15,26; siehe Seite 23). Wir müssen ihn ernst nehmen. Auslachen lässt er sich nicht. Spätestens wenn du am Grab stehst, wird dir das Lachen vergehen.

Andererseits stimmt der Hinweis nachdenklich: „Es hat keinen Sinn, sein Leben trauernd zu verbringen ..." Nun – wer sich trotz Tod freuen kann, muss einen Grund dazu haben. Dieser Grund heißt Jesus Christus. Er sagt: „ICH schenke dir Hoffnung am Grab."

DER GLAUBE AN JESUS CHRISTUS IST DER SCHLÜSSEL ZUM HIMMEL.

Der Glaube an Jesus Christus ist der Schlüssel zum Himmel. Wenn ich diesen Schlüssel besitze, sage ich nicht mehr mit Dieter Nuhr, dass ich den Tod auslachen will, sondern dann kann ich mit Paulus sagen:

---

10 https://www.mdr.de/unternehmen/themenwoche104.html; abgerufen am 16.10.2023.

> *Wo ist, Tod, dein Sieg? Wo ist, Tod, dein Stachel?" Der Stachel des Todes aber ist die Sünde … Gott aber sei Dank, der uns den Sieg gibt durch unseren Herrn Jesus Christus!*
>
> **1. KORINTHER 15,55-57**

Der Tod ist nicht beleidigt, sondern besiegt! Um diesen Sieg zu erleben, muss ich mich auf die Seite des Siegers begeben.

George Herbert (Dichter aus dem 17. Jahrhundert) sagte einmal: „Früher war der Tod ein Henker, aber durch die Auferstehung Christi ist er nur noch ein Gärtner."[11]

Timothy Keller schrieb dazu: „Früher konnte der Tod uns zerstören, aber jetzt kann er uns nur noch in Gottes Boden pflanzen, damit wir etwas Außerordentliches werden."[12]

Als der Chicagoer Pfarrer Dwight Moody im Sterben lag, sagte er: „Bald werden Sie in den Zeitungen von Chicago lesen, dass Dwight Moody tot ist. Glauben Sie es nicht. Ich werde lebendiger sein als jetzt."[13]

Mit Jesus Christus haben wir eine lebendige Hoffnung über den Tod hinaus – wir haben alles, was wir zum Leben und Sterben brauchen. Durch ihn kommen wir garantiert in den Himmel. Weil Jesus auferstanden ist und lebt, darf auch ich als jemand, der Jesus Christus sein Leben anvertraut hat, leben – und zwar für immer.

Jeder Mensch lebt dem Tod entgegen. Der eine muss früher sterben, indem ihn plötzlich in jungen Jahren der Blitz

---

11 https://anchor.tfionline.com/de/post/die-herrlichkeit-von-ostern-teil-1/; abgerufen am 16.10.2023.

12 Timothy Keller: *Über den Tod: In Sterben und Tod die Hoffnung behalten.* Gießen: Brunnen 2023; S. 56f.

13 Zitiert in ebd.; S. 57.

ALS CHRIST LEBE ICH NICHT IN ERSTER LINIE DEM TOD ENTGEGEN, SONDERN ICH STERBE DEM LEBEN ENTGEGEN.

trifft. Der andere später, weil seine Stunde noch nicht gekommen ist. Aber eines weiß ich: Daniel Hoberg und mein Schwager sind am herrlichen Ziel angekommen.

Denn als Christ lebe ich nicht in erster Linie dem Tod entgegen, sondern ich sterbe dem Leben entgegen. Diese Gewissheit ist unbezahlbar, einfach genial und ein großer Trost.

HARTMUT JAEGER

FÜNF SCHRITTE ZU EINEM NEUEN LEBEN

Wenn Sie wissen wollen, wie man ein Leben mit Jesus Christus beginnt, nennen wir Ihnen fünf Schritte zu einem neuen Leben:

1 Beten Sie zu Jesus Christus. Sie können ganz einfach mit ihm reden. Er versteht und liebt Sie (Matthäus 11,28).

2 Bekennen Sie ihm, dass Sie bisher ohne Gott gelebt haben. Erkennen Sie an, dass Sie ein Sünder sind, und bekennen ihm dies als Ihre Schuld. Sie können ihm alle konkreten Sünden nennen, die Ihnen bewusst sind (1. Johannes 1,9).

3 Bitten Sie Jesus Christus, als Herr und Gott in Ihr Leben einzukehren. Vertrauen und glauben Sie ihm von ganzem Herzen. Wenn Sie sich so Jesus Christus als Herrscher anvertrauen, macht er Sie zu einem Kind Gottes (Johannes 1,12).

4 Danken Sie Jesus Christus, dem Sohn Gottes, dass er für Ihre Sünde am Kreuz gestorben ist. Danken Sie ihm, dass er Sie aus Ihrem sündigen Zustand erlöst hat und jede einzelne Sünde vergeben wird (Kolosser 1,14). Reden Sie jeden Tag mit ihm im Gebet und danken Sie ihm für Ihre Gotteskindschaft.

5 Bitten Sie Jesus Christus als Herrn, die Führung in Ihrem Leben zu übernehmen. Suchen Sie den täglichen Kontakt mit ihm durch Bibellesen und Gebet. Der Kontakt mit anderen Christen hilft, als Christ zu wachsen. Jesus Christus wird Ihnen Kraft und Mut zur Nachfolge geben.

Ein starker Trost!

Beim Aufräumen seines Zimmers machten seine Eltern eine wertvolle Entdeckung: Daniels Testament. Es wurde zum starken Trost für seine Familie. Darin ging es nicht um die Verteilung von ein paar Habseligkeiten. Daniel äußerte fürsorgliche Gedanken für seine engsten Freunde. Sie sollten aus seinem Glaubensweg etwas lernen. Sogar über seine Beerdigung machte er sich schon Gedanken. Sein Testament zeigt: Er rechnete mit Gott und dem Leben nach dem Tod – im Himmel! Er war zielstrebig durch sein Leben gegangen. Doch Gott hat ihn mitten aus dem Leben zu sich gerufen. Daniel war ein junger Mann, der darauf gut vorbereitet war. Auch wenn der Abschiedsschmerz groß ist, so bleibt für gläubige Christen immer der herrliche Trost auf ein baldiges Wiedersehen im Himmel!

Es liegt also an jedem Einzelnen, die Einladung Gottes anzunehmen und ewiges Leben zu empfangen. Jesus Christus, der Sohn Gottes, spricht: „Ich bin die Auferstehung und das Leben; wer an mich glaubt, wird leben, auch wenn er stirbt" (Johannes 11,25).

Glauben Sie das? Wollen Sie Jesus Christus vertrauen und ihn persönlich kennenlernen? Gern können Sie uns schreiben, wenn Sie Fragen haben!

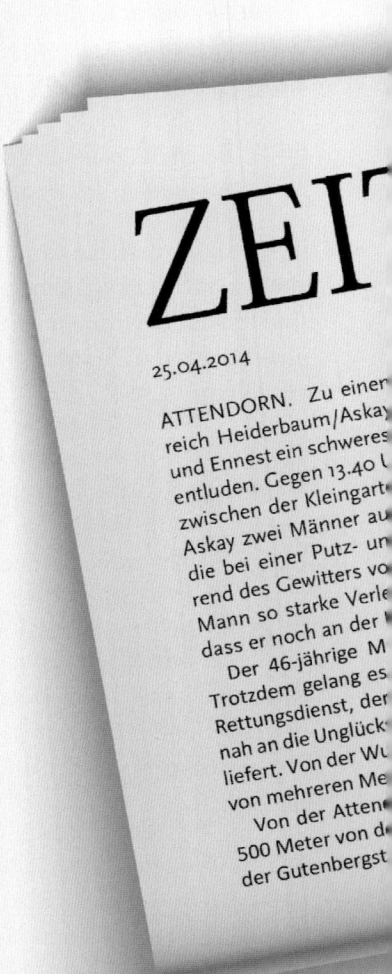

ZEIT

25.04.2014

ATTENDORN. Zu einer
reich Heiderbaum/Askay
und Ennest ein schweres
entluden. Gegen 13.40 U
zwischen der Kleingart
Askay zwei Männer au
die bei einer Putz- un
rend des Gewitters vo
Mann so starke Verle
dass er noch an der
Der 46-jährige M
Trotzdem gelang es
Rettungsdienst, der
nah an die Unglück
liefert. Von der Wu
von mehreren Me
Von der Atten
500 Meter von d
der Gutenbergst

TUNG

schen Unglück kam es gestern im Be-
rühen Nachmittag zog über Attendorn
ker auf, in dessen Verlauf sich auch Blitze
ten sich auf einem freien Wiesengelände
ge Heiderbaum und dem Industriegebiet
ndorn im Alter von 25 und 46 Jahren auf,
kfirma beschäftigt sind. Sie wurden wäh-
n Blitz getroffen. Dabei erlitt der 25-jährige
en und blitzschlagtypische Verbrennungen,
ksstelle starb.

arde durch den Blitzschlag schwer verletzt.
och, einen Notruf abzusetzen. Er wurde vom
einen neu angelegten Verbindungsweg relativ
eranfahren konnte, in das Krankenhaus einge-
Blitzschlags wurde den Männern die Kleidung vom Leib gerissen und in einem Umkreis
rstreut. Der nasse Erdboden wurde aufgewühlt. Das Fahrzeug der Männer wurde rund
Polizei wurde die Kriminalpolizei hinzugezogen. Das Vereinsheim der Bogensportfreunde Attendorn-Ennest an
lücksort entfernt, hinter dem Vereinsheim der Bogensportfreunde Attendorn-Ennest an
ogestellt aufgefunden.

Artikel: Peter Plugge, Westfalenpost; Grafik: Manuella Nossutta

Tödliche Gefahr: Gewitter

Gefährliches Naturschauspiel: Ein Blitzschlag hat gestern einen 25 Jahre alten Mann in Attendorn getötet. Er war mit einem 46-Jährigen auf einer Wiese unterwegs, als ein Gewitter aufzog. Ein Blitz traf die beiden Männer. Der 25-Jährige starb an der Unglücksstelle, der 46-Jährige kam schwer verletzt ins Krankenhaus. In Menden schlug der Blitz in ein Haus ein. Ein Bewohner wurde schwer verletzt.

Bericht **Region**

ARCHIVFOTO: VITALYEDUSH

Vom Blitz auf der Wiese erschlagen

25-Jähriger stirbt in Attendorn. Arbeitskollege schwer verletzt. Sieben Verletzte nach Blitzeinschlag in Menden–Bösperde. Mehrfamilienhaus unbewohnbar

Von Thorsten Bottin, Peter Plugge und Joachim Karpa

Menden/Attendorn. Ein tragischer Tod. Um 13.40 Uhr ist gestern Nachmittag ein 25-jähriger Mann in Attendorn vom Blitz erschlagen worden. Der Mitarbeiter einer Putz- und Stuckfirma hielt sich mit einem 46-jährigen Arbeitskollegen auf einer Wiese in der Nähe einer Kleingartenanlage in Attendorn auf, als der Blitz einschlug. Der 25-Jährige erlitt schwerste Verbrennungen und starb noch an der Unglücksstelle.

Sein Kollege erlitt ebenfalls schwere Verletzungen, war aber noch in der Lage, einen Notruf abzusetzen. Er wurde ins Krankenhaus eingeliefert.

30 000 Ampere

Die Wucht der gewaltigen elektrischen Ladung riss den Männern die Kleidung vom Leib. Die Sachen der Opfer lagen in einem weiten Umkreis verstreut. Den nassen Boden wühlte der Blitz, beim Einschlag fließt für den Bruchteil einer Sekunde Strom von immerhin bis zu 30 000 Ampere, wie ein Maulwurf auf. Auf etwa 30 000 Grad Celsius wird dabei die Luft um die Entladung herum erwärmt.

Warum sich die Männer gestern

Nachmittag beim Gewitter auf der Wiese aufhielten, ist unklar. Ihr Fahrzeug parkte etwa 500 Meter vom Unglücksort entfernt hinter dem Vereinsheim der Bogensportfreunde Attendorn-Ennest.

82 Minuten später, um 15.02 Uhr, erreichte die Feuerwehr in Menden ein ähnlicher Notruf. Blitzeinschlag in Menden-Bösperde. Ein Blitz war in den Dachstuhl eines Mehrfamilienhauses eingeschlagen. Unter den Trümmern der Dachgeschosswohnung bargen die Einsatzkräfte einen verschütteten Bewohner. Er erlitt lebensgefährli-

che Verletzungen. Ein Rettungshubschrauber flog ihn in eine Klinik. Sechs weitere Personen, darunter eine 91-jährige Bewohnerin aus dem Erdgeschoss, erlitten leichte Verletzungen. Sie wurden zur Beobachtung ins Krankenhaus eingeliefert. Eine Untersuchung soll klären, ob ihr Herz durch den Blitzeinschlag in Mitleidenschaft geraten ist.

Das Haus in Falkenweg ist nach der ersten Begutachtung eines Statikers nicht mehr bewohnbar. Der Giebel kann nach Ansicht des Experten jederzeit einstürzen. In der

Nachbarschaft flogen Telefon- und Steckdosen aus und Bilder von der Wand. Der Strom fiel komplett aus, und drei Wasserrohre platzten in der Straße. Die Bewohner des betroffenen Hauses werden nach dem Krankenhausaufenthalt von Freunden und Verwandten aufgenommen.

Bereits am Mittwochnachmittag war bei einem Gewitter über der Meschede-Freienohl ein Blitz in den Dachstuhl eines Wohnhauses eingeschlagen. Zwei Bewohnerinnen erlitten einen Schock. Mutter und Tochter standen auf dem Balkon unter dem Giebel. Der Blitz hinterließ ein Schlachtfeld. Die obere Etage ist nicht mehr bewohnbar.

5000 Blitze in zwei Stunden

Nach Angaben des Blitzinformationsdienstes von Siemens sind allein gestern in Deutschland zwischen 15.15 und 17.15 Uhr mehr als 5000 Blitze gezählt worden. Für die Ortung der Blitze nutzt der Dienst mehr als 145 in ganz Europa miteinander verbundene Messstationen. In Deutschland sterben jährlich zehn bis fünfzehn Bundesbürger durch Blitzschlag. Ein Rat von Experten: Wer zwischen Blitz und Donner gerade noch bis zehn zählen kann, sollte sich zügig in Sicherheit bringen.

Vom Blitz getroffenes Haus in Menden-Bösperde: Bei der Zerstörung des Dachstuhls erlitt ein Bewohner lebensgefährliche Verletzungen. FOTO: MARTINA DINSLAGE

25-Jähriger vom Blitz erschlagen, 46-Jähriger schwer verletzt

Gestern Mittag in der Nähe des Attendorner Industriegebietes Askay auf freiem Feld vom Gewitter überrascht

Attendorn. Zu einem tragischen Unglück kam es gestern im Bereich Heidderbaum/Askay: Am frühen Nachmittag zog über Attendorn und Ennest ein schweres Gewitter auf, in dessen Verlauf sich auch Blitze entluden. Gegen 13.40 Uhr hielten sich auf einem freien Wiesengelände zwischen der Kleingartenanlage Heidderbaum und dem Industriegebiet Askay zwei Männer aus Attendorn im Alter von 25 und 46 Jahren auf, die bei einer Putz- und Stuckfirma beschäftigt sind. Sie wurden während des Gewitters von einem Blitz getroffen. Dabei erlitt der 25-jährige Mann so starke Verletzungen und blitzschlagtypische Verbrennungen, dass er noch an der Unglücksstelle starb.

Der 46-jährige Mann wurde durch den Blitzschlag schwer verletzt. Trotzdem gelang es ihm noch, einen Notruf abzusetzen. Er wurde vom Rettungsdienst, der über einen neu angelegten Verbindungsweg relativ nah an die Unglücksstelle heranfahren konnte, in das Krankenhaus ein-

geliefert. Von der Wucht des Blitzschlags wurde den Männern die Kleidung vom Leib gerissen und in einem Umkreis von mehreren Metern verstreut. Der nasse Erdboden wurde aufgewühlt.

Von der Attendorner Polizei hinzu gezogen. Das Fahrzeug der Männer wurde rund 500 Meter von dem Unglücksort entfernt, hinter dem Vereinsheim der Bogensportfreunde Attendorn-Ennest an der Gutenbergstraße, abgestellt aufgefunden. _pep_

Weiterer Bericht auf Seite **Region**

FOTO: PETER PLUGGE

Der Transporter der beiden Blitzopfer wurde rund 500 Meter vom Unfallort gefunden. Er parkte hinter dem Vereinsheim der Bogensportfreunde am Rande des freien Wiesengeländes.

KREIS OLPE

SAMSTAG | 26. APRIL 2014

DAS WETTER
Heute leichter Regen

Morgen

Übermorgen

FAMILIEN- UND VEREINSGESCHICHTE

Junge Musiker erstellen Stammbäume. *Seite 3*

POEKT NR 97

GUTEN MORGEN

Von Volker Eberts

Skiservice

Ein Skiurlaub in den Alpen birgt viele Gefahren – nicht nur für die Knochen. Unangenehm ist zum Beispiel auch, wenn der milde Skifahrer spät abends trotz aller Bemühungen nicht ins Bett findet. Und das, weil der sicherheitsbewusste Mitbewohner die Zimmertür vor ihnen abgeschlossen und den Schlüssel hat stecken lassen. Die routinierte Wirtin stellte gern die andern Zimmer zur Verfügung – mit dem versöhnlichen Hinweis: „Sie sind nicht der Erste, dem das hier passiert." „Sowas nennt man echten „Skiservice".

KOMPAKT

Unfallschaden inszeniert

46-jähriges Blitzopfer ist außer Lebensgefahr

Das unterschätzte Risiko: Die Gewittergefahr in den Mittelgebirgen ist höher als im Flachland

Von Volker Eberts und Gunnar Steinbach

Attendorn/Kreis Olpe. Zwei Männer wurden am Donnerstag bei Ennest von einem Blitz getroffen. Während einer der Männer noch vor Ort verstarb, liegt der Zweite mit schweren Verbrennungen im Attendorner Krankenhaus. Allerdings schwebt er nach Aussage von Polizeisprecher Stephan Ommer nicht mehr in Lebensgefahr. „Sein Zustand", so Ommer, „ist stabil." Glück im Unglück hatte der 46-Jährige, weil sein Handy den nahen Blitzeinschlag überstand, und er selber Hilfe herbeirufen konnte.

Höhere Risiken im Sauerland

Dass das Unwetter „wie aus heiterem Himmel" kam, lässt sich nicht behaupten. Das Gewitter kam für diese Jahreszeit nicht überraschend, April/Mai bis August/September ist die Hauptgewitterzeit im Jahr", so Simon Trippler, Meteorologe beim Deutschen Wetterdienst in Frankfurt. Und dass die Gewittergefahr in den Mittelgebirgen höher ist als zum Beispiel im Flachland, sei auch nicht neu. Die Blitzstatistik der letzten Jahrzehnte weist für das südliche Sauerland vier bis sechs Blitze pro Jahr und Quadratkilometer aus. Zum Vergleich: am flachen

Diesen sehr starken Erdblitz bei Cobbenrode hat unser Leser Benedikt Selter fotografiert.
FOTO: BENEDIKT SELTER

Niederrhein sind es nur einer bis vier Blitze.

Die Gewitter entstehen, wenn die Luft aufsteigt und in der Höhe auf kältere Luftmassen trifft. In diesen labilen Verhältnissen" können sich dann Quellwolken und Gewitter bilden. „Durch die Gebirge wird diese Hebungsimpuls verstärkt, die Luft wird an den Hängen zum Auf-

stieg gezwungen", so Trippler.

Subjektive Eindrücke, dass es frischer weniger Gewitter als heute geben habe und das möglicherweise mit dem viel labileren Klimawandel zu tun haben könnte, kann der Fachmann mit Blick auf die Statistik nicht bestätigen. „Wir verzeichnen, im Schnitt 10 bis 20 Gewittertage pro Jahr in Deutschland.

Dabei gibt es in den letzten Jahren und Jahrzehnten keine signifikanten Veränderungen."

Gefahr wird unterschätzt

So wird der Blitzschlag in Ennest als besonders tragisches Ereignis in die Geschichtsbücher eingehen. Auch Herwarth Grünewald, der fast 50 Jahre lang - viele Jahre auch als „Wetterfrosch" unserer Zeitung das Wetter in der Gemeinde Kirchhunden, für den Deutschen Wetterdienst beobachtete, kann sich nicht an ein ähnlich tragisches Ereignis erinnern. „Es passierte immer mal wieder, dass Blitze in Bäume einschlugen", so Herworth Grünewald, „aber Menschen seim dabei nicht zu Schaden gekommen."

Oftmals wird die Gefahr eines Blitzschlags unterschätzt. Auf keinen Fall sollte man sich bei Gewittern auf einer freien Fläche aufhalten, wo eine Person die höchste Erhebung darstellt. Auch im Wald besteht Gefahr. „Am sichersten ist man in Gebäuden und im Auto", rät Simon Trippler.

wurden die beiden Männer vom Blitz getroffen

Foto: KLAUS FELDER

Lehrer Daniel (25) von Blitz erschlagen!

Daniel H. († 25) starb durch einen Blitzschlag

Seine Mutter sagt: „Vielleicht musste er so früh gehen, weil Gott eine andere Aufgabe für ihn hatte"

Von K. WEUSTER und F. SCHNEIDER

Attendorn – Der Blitz riss ihn mitten aus dem Leben. Sekundenbruchteile entschieden über das Schicksal von Daniel H. (25). Bei einem Gewitter starb der junge Lehrer auf einem Feldweg in Attendorn-Ennest.

Die erdverkrustete Brieftasche ihres Sohnes liegt vor Petra H. (56) auf dem Holztisch in Daniels Zimmer. 20 Meter weit sei das Portmonee durch die Luft geflogen, erzählt die Mutter stockend. Der Blitz traf den gläubigen Christen beim Spaziergang mit einem Freund aus der ‚Christlichen Gemeinde Attendorn', einer freien Kirche. Die Männer waren gerade auf der Suche nach einem sicheren

Unterschlupf, als das tödliche Gewitter sich direkt über ihnen entlud. Daniel hatte keine Chance, sein Begleiter Dieter H. (46) überlebte mit schweren Verbrennungen.

Mutter Petra: „Sein felsenfester Glauben war der Mittelpunkt in Daniels Leben. Er diskutierte leidenschaftlich über theologische Fragen. Vielleicht musste er so früh gehen, weil Gott eine andere Aufgabe für ihn hatte."

Der älteste von drei Brüder absolvierte in Rekordzeit Schule, Lehramts-Studium und Referendariat. Im Sommer sollte er als Mathe- und Physiklehrer am Gymnasium anfangen. In seiner Freizeit pfiff er als Schiedsrichter Fußballspiele, spielte im Schach-Club und reiste zu fast sämtlichen Spielen seines Lieblings-Vereins. Schwarzgelbe Schals hängen im Jugendzimmer, das Bett ist mit BvB-Bettwäsche bezogen.

Nachdenklich nimmt Mutter Petra einen gerahmten Spruch von Daniels Schreibtisch. ‚Gott nahe zu sein ist mein Glück' steht dort – die Jahreslosung seiner Gemeinde. „Irgendwann finde ich sicher Trost in diesen Worten. Daniel hat soviel Licht in unsere Welt getragen und jetzt ist er an einem guten Ort. Aber noch tut es einfach nur weh ihn hergeben und ohne ihn leben zu müssen."

Daniels Begleiter, Stuckateur-Meister Dieter H., ist mittlerweile außer Lebensgefahr. Nach vorsichtigen Prognosen der Ärzte wird er das Unglück ohne Folgeschäden überstehen.

Das Portmonee des Blitzopfers ist erdverkrustet, beim Blitzeinschlag flog es 20 Meter durch die Luft

Foto: STEFANO LAURA, FRANK SCHNEIDER, JULIAN STRATENSCHULTE/DPA, PRIVAT

PORTRÄT

Ein tödlicher Gebetsspaziergang

UNWETTER Die Meldung sorgte für Schlagzeilen: Bei einem Spaziergang wird ein Mann im westfälischen Sauerland vom Blitz erschlagen, sein Begleiter schwer verletzt. Was nicht berichtet wurde: Beide sind engagierte evangelische Christen, ehrenamtliche Mitarbeiter des Missionswerkes der Gideons. Klaus Rösler hat mit dem Überlebenden gesprochen.

An den Blitz hat der Maler und Stuckateur **Dieter Hesse** (46) keine Erinnerung. Er weiß noch, dass er und sein Freund, der Lehrer **Daniel Hoberg** (25), sich überlegt haben, dass sie sich vor dem Gewitter in Sicherheit bringen müssen. Nur wohin? Wenig später schlägt der Blitz in sie ein. Als Hesse wieder zu sich kommt, ist sein Körper wie gelähmt. Er ringt nach Luft. Er sucht seinen Freund – und stellt fest, dass Hoberg unter ihm liegt. Wenigstens einen Arm kann Hesse bewegen. Er greift nach seinem Handy im Brustbeutel, ruft die Feuerwehr an und fällt in Ohnmacht. Als Nächstes erinnert er sich an die drei Rettungswagen. Er erfährt, dass sein Freund tot ist. Hesse hat Verbrennungen am ganzen Körper. Doch im Krankenhaus stellt man fest, dass sie nur oberflächlich sind und er sich vollständig erholen wird.

Auf der Suche nach dem Lebenssinn

Hesse ist einst Kommunist gewesen. Als er auf die 40 zugeht, gerät er in eine Krise. Er fragt nach dem Sinn seines Lebens. Er absolviert den weltbekannten Jakobsweg, auf dem Pilger zum Grab des Apostels Jakobus in die spanische Stadt Santiago de Compostela wandern. Jemand schenkt ihm dabei eine Bibel. Er fängt an, sie täglich zu lesen. Nach seiner Rückkehr erzählt er davon im Kollegenkreis. Ein Mitarbeiter von ihm lädt ihn daraufhin zu einem Alpha-Glaubenskurs ein. Hesse geht hin und ist begeistert, wie konsequent die anderen nach der Bibel leben. Ein Jahr später lässt er sich 2007 in der evangelikalen Brüdergemeinde in Olpe bei Siegen taufen. Bald verteilt er als Mitglied der „Gideons" selbst Neue Testamente. Auch seine Frau Jutta und zwei seiner drei Kinder werden Christen. Später wechseln sie in eine evangelikale Gemeinde an ihrem Wohnort in Attendorn. Zu ihr gehört Daniel Hoberg. Doch er ist nur noch äußerlich dabei. Im Internet liest er, dass man Gott noch intensiver und direkter erfahren könne als durch Bibelauslegungen. Er wird Charismatiker. Der junge Lehrer wohnt in derselben Straße wie Hesse – nur drei Häuser weiter. Die beiden freunden sich an und besuchen ab 2008 gemeinsam einen Hauskreis. Doch die beiden Männer merken schnell, dass ihre un-

Dieter Hesse (r.) tauft im Biggesee Daniel Hoberg, der jetzt vom Blitz getötet wurde.

terschiedliche Frömmigkeit zu sehr belastet. Sie streiten sich. Um nach Lösungen zu suchen, gehen sie oft spazieren – auch um dabei miteinander zu beten. Bei ihrem letzten Marsch am 24. April beschließen sie, Hilfe bei einem christlichen Mediator zu suchen. Dann zieht das Gewitter auf.

Gott macht keine Fehler

Hadert Hesse nun mit Gott? Nein, sagt er. Dass sein Freund gestorben sei, darüber habe er inneren Frieden: „Gott macht keine Fehler." Bei Hobergs Beerdigung ist Hesse im Rollstuhl dabei – neben rund 500 Trauergästen. Die Ansprachen sind eine Ermutigung für den Glauben an Jesus Christus. Er selbst ist dankbar, überlebt zu haben. Seine Gemeinde habe intensiv für seine Genesung gebetet: „Mein Gottvertrauen wurde gestärkt." Hesse betet dafür, Menschen zu finden, „die mit uns in Attendorn am Reich Gottes mitarbeiten". •

Foto: Bilger-Stuck

Statt jeder besonderen Anzeige

*Gott nahe zu sein
ist mein Glück.*

Psalm 73,28

Plötzlich und für uns alle unfassbar
verstarb heute

Daniel Hoberg

* 30. Mai 1988   + 24. April 2014

In Liebe:

**Franz-Josef und Petra Hoberg
mit Gerrit und Christopher
Annemarie Schulz
Walburga Hoberg**

und alle Anverwandten

57439 Attendorn-Ennest, den 24. April 2014

Neue Straße 15

Die Trauerfeier ist am Mittwoch, dem 30. April 2014
um 14.00 Uhr in der Kapelle auf dem Waldfriedhof
in Attendorn, anschließend findet die Beisetzung statt.

Gelobt sei der Gott und Vater unseres Herrn Jesus Christus, der uns aufgrund seiner großen Barmherzigkeit wiedergeboren hat zu einer lebendigen Hoffnung durch die Auferstehung Jesu Christi aus den Toten.
(Die Bibel, 1.Petrus 1,3)

Jesus spricht: Ich bin die Auferstehung und das Leben, wer an mich glaubt, wird leben, auch wenn er gestorben ist; und jeder der da lebt und an mich glaubt, wird nicht sterben in Ewigkeit. Glaubst du das?
(Die Bibel, Johannes 11,25+26)

Daniel Hoberg

* 30.05.1988 † 24.04.2014

Wir wissen, dass Daniel diese Hoffnung in sich trug und sie jetzt erleben darf.
Sein Wunsch war, dass alle ihm nahestehenden Menschen auch diese Hoffnung durch Jesus bekommen.
Diesen Wunsch teilen wir mit Daniel und bitten dich auch Jesus Christus als deinen Herrn aufzunehmen, zur eigenen Errettung und zur Ehre Gottes.
Ganz besondere Segens- und Trostwünsche für Daniels Familie und alle ihm nahestehenden Menschen wünschen:

Daniel, Joel und Simon

Trauerfeier

Daniel Hoberg

geb. 30.05.1988   gest. 24.04.2014

Jesus Christus spricht: „Ich bin die Auferstehung und das Leben. Wer an mich glaubt, der wird leben, auch wenn er stirbt; und wer da lebt und glaubt an mich, der wird nimmermehr sterben. Glaubst du das?"

Johannes 11,25-26

1. Heilig, heilig, das Lamm Gottes, das geopfert ist.
Lob und Ehre sei dir, dem König, auf dem Gnadenthron.
Heilig, heilig, das Lamm Gottes, das geopfert ist.
Lob und Ehre sei dir, dem König, auf dem Gnadenthron.

   **Heilig, heilig, heilig ist der Herr, Gott, allmächtig,
   der war und ist und der da kommt.
   Die ganze Schöpfung singt und preist dich, den König.
   Du bist mir alles, Herr, und ich will dich ehren.**

2. Deine Schönheit ist unbeschreiblich.
Dein Licht strahlt heller als die Sonne.
Lobpreis und Ehre, Weisheit und Macht sei dir allein,
nur dir, dem einzig wahren Gott.

3. Wenn dein Name auch nur erwähnt wird,
wirkst du Wunder unter uns.
Jesus, in deinem Namen ist die Kraft zum Leben,
welch ein Geheimnis öffnet sich.

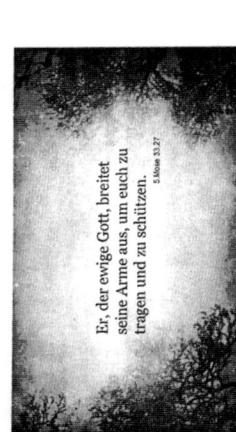

Er, der ewige Gott, breitet seine Arme aus, um euch zu tragen und zu schützen.

5. Mose 33,27

1. Vor deinem Kreuz, Herr, will ich stille werden.
Vor deinem Kreuz, Herr, beuge ich mich tief.
Ich höre deine Stimme, die verstummte
und doch am Kreuz schon nach mir rief.

2. Vor deinem Kreuz, Herr, wird das Elend kleiner.
Vor deinem Kreuz, werd ich mir selber klein.
Was in der Welt so groß ist, zählt hier nicht mehr,
denn deine Liebe zählt allein.

3. Vor deinem Kreuz fang ich an zu verstehen,
was der Verstand niemals verstehen kann.
Die alten Regeln sind am Kreuz zerbrochen.
Mit dir, Herr, fängt das Neue an.

4. Vor deinem Kreuz will ich die Knie beugen
und spüren, wie die Stille mich berührt.
Dein Kreuz, Herr, ist das Tor zum wahren Frieden,
das aus dem Streit nach Hause führt.
Amen. Amen. Amen.

Befreiung von Schuld reicht dir nicht aus,
du willst mich ganz verändern, ich soll dir völlig gleichen,
dafür gibst du mir deinen Geist,
er sucht nur deine Ehre, hier in meinem Leben.

Refr.
**Jesus, deine Nähe suche ich, von deinem Geist erfüllt sein,
hier in dieser Welt. Die Leitung deines Geistes brauche ich,
um durch sie so zu leben, wie es dir gefällt.**

Das Leben allein reicht mir nicht aus,
du schenkst mir deine Gaben, damit ich andern diene.
Das Ringen in mir, das hältst du aus,
dein Geist gibt mir die Stärke zu kämpfen und gewinnen.

Everyone needs compassion, love that's never failing;
Let mercy fall on me. Everyone needs forgiveness,
the kindness of a Saviour; the Hope of nations.

**Saviour, He can move the mountains,
My God is mighty to save, He is mighty to save.
Forever, Author of salvation. He rose and conquered the grave,
Jesus conquered the grave.**

So take me as You find me, All my fears and failures,
Fill my life again. I give my life to follow
Everything I believe in. Now I surrender.

Saviour, He can move the mountains...

Shine your light and let the whole world see,
We're singing for the glory of the risen King. (Jesus) (x2)

Saviour, He can move the mountains...

Großer Gott, wir loben dich! Herr, wir preisen deine Stärke!
Vor dir neigt die Erde sich und bewundert deine Werke.
Wie du warst vor aller Zeit, so bleibst du in Ewigkeit.

Heilig, Herr, Gott Zebaoth! Heilig, Herr der Himmelsheere!
Starker Helfer in der Not! Himmel, Erde, Luft und Meere
sind erfüllt von deinem Ruhm; alles ist dein Eigentum.

Herr, erbarm', erbarme dich! Auf uns komme, Herr, dein Segen.
Deine Güte zeige sich allen der Verheißung wegen.
Auf dich hoffen wir allein; lass uns nicht verloren sein.

„Wir wollen Daniel nicht loslassen"

Dieter Hesse erinnert mit einem Buch an seinen vom Blitz erschlagenen Freund

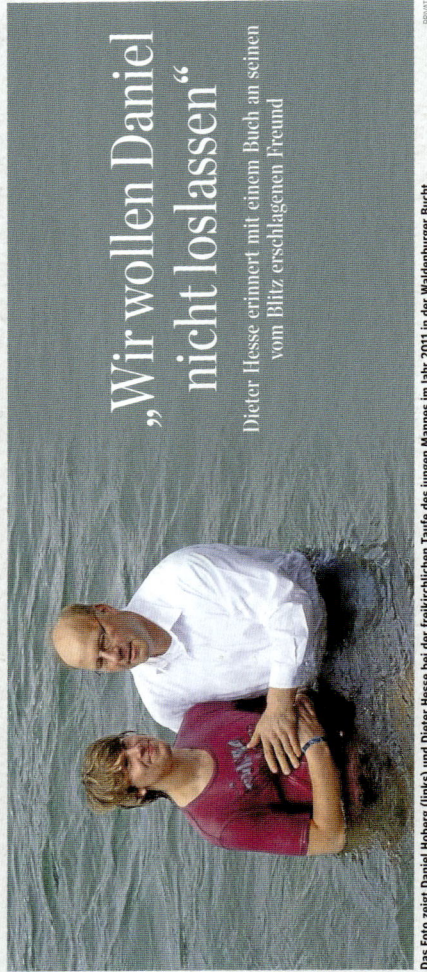

PRIVAT

Das Foto zeigt Daniel Hoberg (links) und Dieter Hesse bei der freikirchlichen Taufe des jungen Mannes im Jahr 2011 in der Waldenburger Bucht.

Martin Droste

Ennest. Der Todestag von Daniel ist für uns ein besonderer Tag, das ist uns wichtig." Am 24. April 2014 hat Dieter Hesse auf tragische Weise seinen Freund Daniel Hoberg verloren. Trotz des Altersunterschieds verband den damals 46-jährigen Hesse und den 25-jährigen Hoberg eine tiefe Freundschaft und der gemeinsame Glaube an Gott. Bei einem „Gebetsspaziergang" in der Mittagspause von Dieter Hesse wurden der damals selbstständige Handwerksmeister und der angehende Lehrer für Mathematik und Physik auf einer Wiese in der Nähe des Industriegebietes Ennest von einem Gewitter überrascht und vom Blitz getroffen. Daniel Hoberg war sofort tot, Dieter Hesse überlebte schwer verletzt.

PRIVAT

Ein Blitzeinschlag beendet das Leben von Daniel Hoberg mit nur 25 Jahren.

MARTIN DROSTE

Der tragische Unfalltod von Daniel Hoberg und der gemeinsame Glaube haben das Ehepaar Jutta und Dieter Hesse tief mit der Mutter Petra Hoberg (von links) verbunden. Mit einem Buch will der Ennester Hesse die Erinnerung an seinen jungen Freund wachhalten.

Zum Andenken an seinen Freund will Hesse im Februar 2024 ein Buch mit dem Titel „Vom Blitz getroffen" herausbringen. Das Cover (Untertitel: „Zwei Männer im Gewitter – Eine wahre Geschichte über Leben und Tod") ist fertig, mit zahlreichen Weggefährten von Daniel Hoberg hat Dieter Hesse schon gesprochen. Zum Inhalt auf 150 Seiten und mit vielen Fotos gehört auch ein Interview mit Petra Hoberg, der Mutter.

Beim Treffen in der Wohnung von Dieter Hesse und Ehefrau Jutta sitzt Petra Hoberg mit am Tisch. „Das hat damals so wehgetan, als wäre mir das Herz herausgerissen worden", sagt sie und spricht offen über den Selbstmordgedanken nach dem Unfalltod von Daniel. Petra Hoberg ist im Leben geblieben, „weil ich noch zwei Söhne habe". „Die Liebe zu Daniel hat uns zusammengeschweißt und verbindet uns für immer. Wir wollen ihn nicht loslassen", betont Dieter Hesse, selbst Vater von drei Kindern.

ten Blitzeinschlag in seinem erlernten Beruf nicht mehr weiterarbeiten konnte und nach einem dreijährigen Bibelstudium bei einer christlichen Buchhandlung in Dillenburg arbeitet, will aus seinem jungen Freund Daniel Hoberg „keinen Heiligen" machen. „Mir tut der Austausch mit Menschen gut, die Daniel gekannt haben. Das bringt ihn zurück in die Gegenwart", erzählt Dieter Hesse. Das Buch soll auch kein Trauerbuch werden, sondern „Hoffnung vermitteln".

„Trauernde haben oft das Bedürfnis nach Nähe, sie wollen aber keine Ratschläge. Petra hat das Schweigen damals sehr belastet", weiß Hesse. Ihn selbst belasten noch heute Schuldgefühle. Warum habe nur ich den Blitzeinschlag überlebt? Warum konnte ich Daniel nicht helfen? Von der Mutter habe es nie Vorwürfe gegeben. Für Petra Hoberg ist es eine „große Erleichterung", über ihren toten Sohn zu sprechen. „Das ist befreiend. Wenn wir nicht über Daniel reden würden, wäre es, als wenn er nie dagewesen wäre."

Kennengelernt haben sich die beiden tiefgläubigen Mitglieder christlicher Freikirchen beim Fußballspielen auf dem Bolzplatz. „Daniel war der Glaube sehr wichtig." Das hat Dieter Hesse sehr beeindruckt. „Daniel hat mich wieder zum Glauben gebracht und in die freikirchliche Gemeinde geholt", sagt Petra Hoberg. Dort ist sie heute noch aktiv.

Beim Termin zeigt sie mir das Testament ihres verstorbenen Sohnes, das Daniel schon vor 20 Jahren verfasst hat. Der Anhänger von Borussia Dortmund und Dauerkartenbesitzer war wohl ein ganz besonderer Mensch. „Daniel hatte fürchterliche Angst vor der Hölle und vor einem frühen Tod", berichtet Petra Hoberg. Der junge Mann, der zwischen seinem Referendariat am Rivius-Gymnasium und seiner Festanstellung ein einjähriges Theologiestudium an der Biblisch-Theologischen Akademie in Bergneustadt-Wiedenest absolvierte, besaß aus Angst vor der Strahlenbelastung auch kein Handy. Dann wurde er

mit nur 25 Jahren von einer viel stärkeren Kraft aus dem Leben gerissen.

Plötzliches Gewitter

Noch am Abend vor dem tragischen Blitzunfall saßen Dieter Hesse und Daniel Hoberg im kleinen Kreis in der Wohnung der Familie Hesse, beteten und diskutierten über biblische Fragen. Weil man sich an diesem Mittwoch nicht einig wurde, trafen sich die beiden Freunde am nächsten Tag in der Mittagspause von Dieter Hesse zu einem „Gebetsspaziergang", wie er es nennt, um die unterschiedlichen Auffassungen auszuräumen. Dabei wurden sie vom tödlichen Blitzschlag überrascht.

Man merkte, dass da etwas kam. Es brummte ganz weit weg", erinnert sich Dieter Hesse. Dann war das Gewitter plötzlich über ihnen. Als der damals 46-jährige Handwerksmeister nach einiger Zeit im strömenden Regen in der nassen Wiese liegend wieder zu sich kam, wusste er gar nicht mehr, wo er war.

„Ich hatte Gedächtnislücken und Atemnot, konnte nur einen Arm und den Kopf bewegen." Gott sei Dank funktionierte das Handy, das er in seiner Arbeitshose trug. Mit großer Mühe konnte sich Hesse schließlich orientieren und gelang es ihm, den Notruf abzusetzen.

Aber was war mit Daniel? „Ich hatte noch gehofft, dass er nur bewusstlos gewesen ist", erinnert sich Dieter Hesse. Aber sein Freund war sofort tot gewesen. Jetzt, fast zehn Jahre später, will der 55-Jährige mit seinem Buch „über Daniel erzählen" Die Idee hatte sein Chef bei der Christlichen Verlagsgesellschaft Dillenburg, wo das Buch auch herausgegeben wird.

Zum ersten Mal sieht Petra Hoberg an diesem Tag ein Video von der freikirchlichen Taufe ihres damals 22-jährigen Sohnes Daniel am Ufer des Biggesees in der Waldenburger Bucht. Die CD mit den Aufnahmen hat Dieter Hesse vor ein paar Wochen in seinem Keller gefunden. Hesse nahm 2011 auch die Taufe seines jungen Freundes vor.

Auf dieser Wiese in der Nähe des Industriegebietes Ennest schlug am 24. April 2014 der tödliche Blitz ein.

AUFBAU DER BIBEL[1]

Die vielen Namen der biblischen Bücher und ihre Abkürzungen sind nicht immer leicht zu finden. Die folgende Übersicht soll dabei helfen, bei Interesse die Bibelstellen aus diesem Buch nachzuschlagen.

BIBELBUCH

Die Bibel besteht aus 66 Büchern. Jedes hat einen eigenen Titel. „Römer" bedeutet zum Beispiel, dass Paulus einen Brief an die Römer geschrieben hat. Manchmal gibt es mehrere Bücher mit dem gleichen Namen – z. B. die fünf Bücher Mose. Sie sind dann der Reihe nach nummeriert: 1. Mose, 2. Mose …

KAPITEL UND VERSE

Jedes Buch besteht aus Kapiteln und Versen (einige ganz kurze Bücher nur aus Versen). Die Kapitel- und Versangaben erlauben es, jede Bibelstelle sehr schnell zu finden. Sie sind wie ein Link, der an eine bestimmte Stelle im Text führt.
Eine Bibelstelle besteht aus drei Elementen: Name des Buches, Kapitelangabe und Versangabe. Kapitel- und Versangabe sind durch ein Komma getrennt (siehe rechte Seite).

ÜBERSCHRIFTEN

Sie gliedern das Buch in Sinnabschnitte. In den ursprünglichen Handschriften mit dem hebräischen bzw. griechischen Text gibt es noch keine Überschriften. Sie wurden erst später zur besseren Orientierung hinzugefügt und variieren in den verschiedenen Bibelausgaben.

---

1   Text auf Grundlage von https://www.die-bibel.de/bibeln/wissen-zur-bibel/inhalt-und-aufbau-der-bibel/inhaltsuebersicht/,
    Deutsche Bibelgesellschaft, Stuttgart.

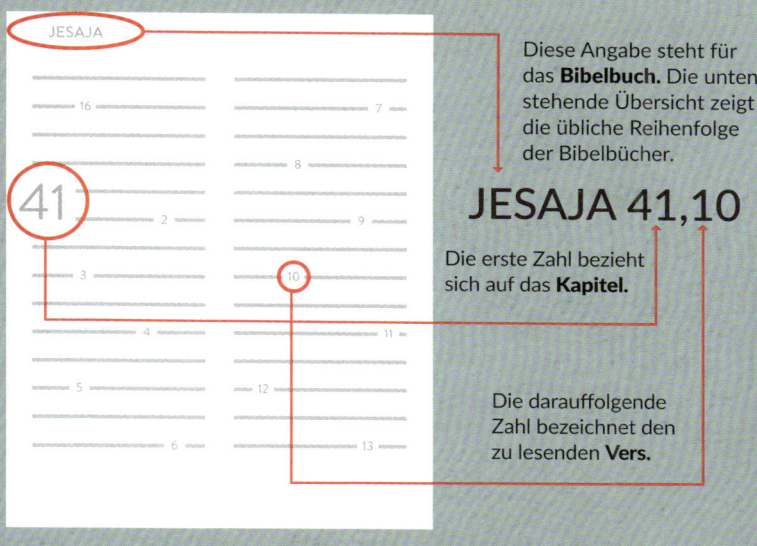

Diese Angabe steht für das **Bibelbuch.** Die unten stehende Übersicht zeigt die übliche Reihenfolge der Bibelbücher.

JESAJA 41,10

Die erste Zahl bezieht sich auf das **Kapitel.**

Die darauffolgende Zahl bezeichnet den zu lesenden **Vers.**

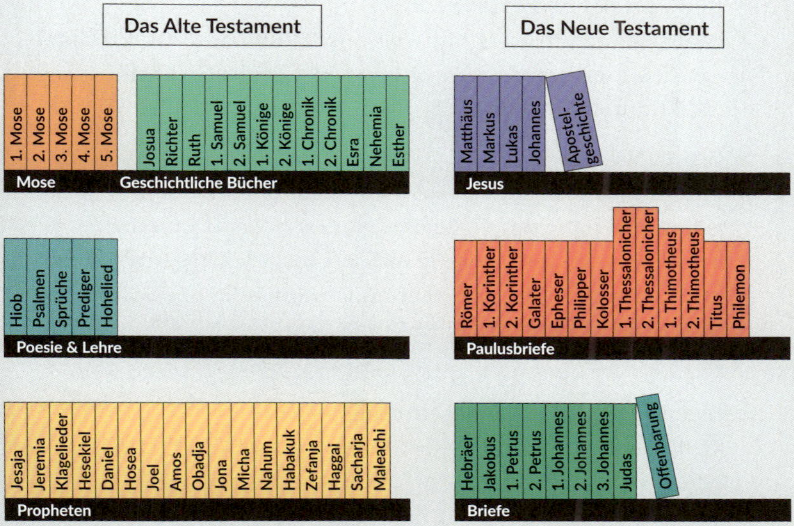

Das Alte Testament

Mose
1. Mose | 2. Mose | 3. Mose | 4. Mose | 5. Mose

Geschichtliche Bücher
Josua | Richter | Ruth | 1. Samuel | 2. Samuel | 1. Könige | 2. Könige | 1. Chronik | 2. Chronik | Esra | Nehemia | Esther

Poesie & Lehre
Hiob | Psalmen | Sprüche | Prediger | Hohelied

Propheten
Jesaja | Jeremia | Klagelieder | Hesekiel | Daniel | Hosea | Joel | Amos | Obadja | Jona | Micha | Nahum | Habakuk | Zefanja | Haggai | Sacharja | Maleachi

Das Neue Testament

Jesus
Matthäus | Markus | Lukas | Johannes | Apostelgeschichte

Paulusbriefe
Römer | 1. Korinther | 2. Korinther | Galater | Epheser | Philipper | Kolosser | 1. Thessalonicher | 2. Thessalonicher | 1. Thimotheus | 2. Thimotheus | Titus | Philemon

Briefe
Hebräer | Jakobus | 1. Petrus | 2. Petrus | 1. Johannes | 2. Johannes | 3. Johannes | Judas | Offenbarung

BILDQUELLENVERZEICHNIS

Sofern nicht anders angegeben, stammen die Bilder von Privatpersonen.

Ausnahmen sind:

- Absolvierung – S. 37: Freundlicherweise zur Verfügung gestellt vom Bibel-Center Breckerfeld.

- Schreibtisch – S. 78: https://images.bild.de/5d4f1c0c1e148b0001746bec/f43268571b966c6065772933d21e244a,11802d22?w=992
  Lizenz erteilt durch BILD Fotoservice.

- Nebelhorn – S. 84–85:
  Von Treeem – Eigenes Werk, CC BY-SA 4.0, https://commons.wikimedia.org/w/index.php?curid=61247468, entnommen am 03.11.2023.

- Joni Eareckson-Tada – S. 93:
  https://joniandfriends.org/wp-content/uploads/2019/07/joni-eareckson-tada-gods-idea-of-good.jpg, Abdruckgenehmigung erteilt durch joni&friends.

- Blaise Pascal – S. 98:
  Quelle unbekannt; eine 1691 für Gérard Edelinck angefertigte Kopie des Gemäldes von François II Quesnel. - http://www.astrosurf.org/luxorion/Documents/pascal-blaise.jpg, Gemeinfrei, https://commons.wikimedia.org/w/index.php?curid=23308198, entnommen am 03.11.2023.

- Übersicht der biblischen Bücher – S. 119
  Eigene Darstellung in Anlehnung an:
  https://christlicheperlen.files.wordpress.com/2015/10/bc3bccher-der-bibel-hebr-u-jak-vor-petrus.png
  Freundlicherweise zur Bearbeitung freigegeben von Bettina Pranzas.

Peter Hahne
Leid – und wo bleibt Gott?

Gb., 160 S., 11 x 17 cm
Best.-Nr. 271947
ISBN 978-3-86353-947-4

Wo war Gott am 7. Oktober beim Überfall der Hamas auf Israel? Warum das Leid? Diese uralte Frage stellt sich immer wieder neu.

Trauer und Tränen, Katastrophen und Kriege, Verzweiflung und Schmerzen: Von Leid ist jeder betroffen. Und die Frage nach Gott in all dem Leid schreit zum Himmel. Sie trifft Christen und Zweifler gleichermaßen.

Hartmut Jaeger
Warum das alles?
Denkanstöße und persönliche Erfahrungen im Leid

Tb., 64 S., 11 x 18 cm
Best.-Nr. 273801
ISBN 978-3-89436-801-2

Dieses Buch nimmt Stellung zur Frage nach dem Leid.
Es wird deutlich: Wer glaubt, ist besser dran im Leid und
gewinnt sogar eine Perspektive über das Leid hinaus ...

Hartmut Jaeger (Hg.)
Diagnose: Hoffnung
Menschen berichten, wie sie mit Krisen fertiggeworden sind

Br., 96 S., 19 x 26 cm
Best.-Nr. 271725
ISBN 978-3-86353-725-8

In diesem hochwertig gestalteten Magazin finden Sie Zeugnisse von Menschen, die Krankheit, Leid und Schmerz durchmachten und dabei Gottes Hilfe und Trost erlebten. Passende Bibelverse und Zitate ergänzen die Texte, und die ansprechende Gestaltung lädt zum Blättern und Weitergeben ein.

Dirk Langenbach
Plötzlich Rollstuhl
Ein Unfall. Zwei andere Leben.

Tb., 96 S., 11 x 18 cm
Best.-Nr. 271516
ISBN 978-3-86353-516-2

Durch einen schweren Motorradunfall wird Dirk an den
Rollstuhl gefesselt. Am liebsten würde er sich umbringen,
wäre da nicht die Angst vor dem Tod. Also beginnt er, sich
mit dem Glauben an Jesus zu beschäftigen ...

Susanne von Pentz-Jaeger
Plötzlich ist er nicht mehr da
Ein Bergunglück. Ein Schock. Das weitere Leben.

Gb., 128 S., 11 x 17 cm
Best.-Nr. 271622
ISBN 978-3-86353-622-0

Bei einem tragischen Unfall verliert Susanne von Pentz-Jaeger ihren Ehemann. Ein schöner Wandertag wird zum Albtraum. Offen und authentisch schreibt sie in diesem Buch über ihr Leben nach diesem Schicksalsschlag ...

Hartmut Jaeger/Markus Wäsch (Hg.)
Wo ist Gott im Leid?
kurzgefasst. Daten, Fakten, Wissenswertes

Pb., 64 S., 11 x 16 xm
Best.-Nr. 271199
ISBN 978-3-86353-199-7

Warum lässt Gott überhaupt Leid zu? Mangelt es Gott an Liebe, weil er dem Bösen freien Lauf lässt? Markus Wäsch versucht, Ansätze von Antworten zu geben ...